KB272955

나만의 탐구 주제 잡기

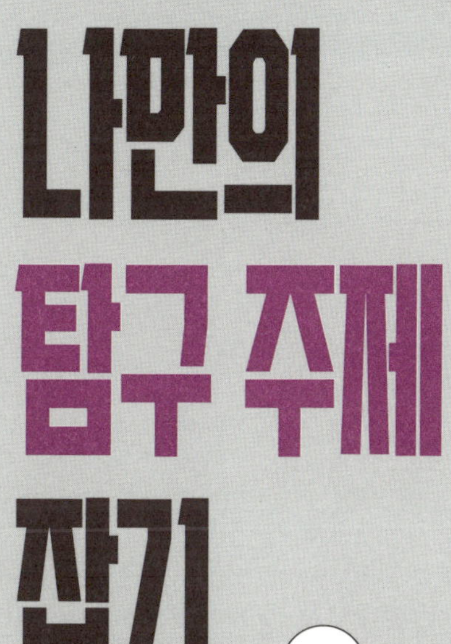

나만의 탐구 주제 잡기

Dr. 아톰과
함께하는
탐구보고서

박규상 지음

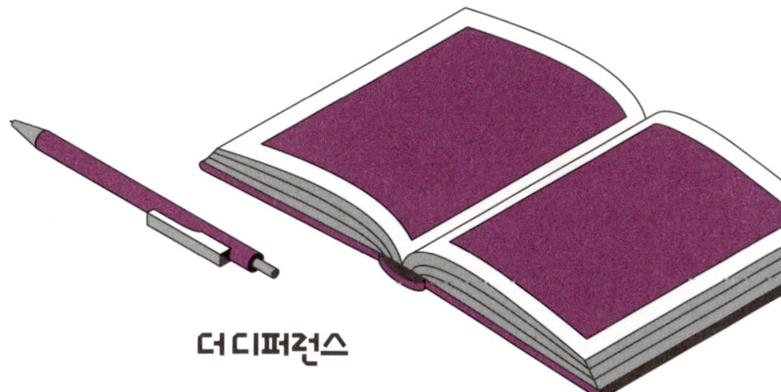

더 디퍼런스

중간 휴식 시간도 없이 진행한 두 시간의 탐구보고서 강의가 끝나면 언제나 아톰 앞에는 학생들이 줄을 선다. 자신이 생각하고 있는 의문이 탐구활동의 주제로 적당한지를 물어보기 위해서다. 학생들이 가장 궁금해하는 건, '생각하고 있는 주제가 탐구활동에 적절한 것인지', 그리고 '지원하려는 학과와 관련된 주제로 적합한지'다.

"저는 우리나라 연쇄살인범의 특징을 조사해서 탐구보고서를 쓸까 하는데 이게 탐구 주제로 괜찮을까요?"

"왜 그 주제에 관심을 가지게 되었나요?"

"저는 경찰행정학과 쪽으로 가고 싶은데, 학과랑 맞는 주제를 생각하다 보니 떠올랐어요."

경찰행정학과에 지원하려는 학생의 탐구활동 주제로 '우리나라 연쇄살인범의 특징'이라는 주제가 괜찮은지 묻고 있는데, 학생의 표정을 보니 그리 자신이 있어 보이지는 않는다.

또 다른 학생은 건축학과에 지원하고 싶다면서 이렇게 묻는다.

"세계적으로 유명한 건축물을 분석하는 탐구활동을 하고 싶은데 어떨까요?"

이렇게 학생들의 질문은 끝이 없어서 어떤 학교에서는 강의가 끝나고 30분이 넘게 학생들의 질문에 대답해 준 적도 있다. 그만큼 학생들은 자신의 탐구활동이나 탐구보고서의 주제가 진로와 맞는지에 대한 관심이 높다는 뜻일 것이다.

하지만 아톰이 가장 많이 받는 질문은 이렇게 '이러이러한 걸 주제로 하고 싶은데 어떨까요?'라는 것이 아니다.

"사실 전 어떤 것을 주제로 잡아야 할지 저혀 모르겠어요. 저는 경영학과에 가고 싶은데 적당한 주제를 하나 말씀해 주시면 안 될까요?"

강의에서 만난 학생들이 아톰에게 가장 많이 하는 질문은 생각하고 있는 주제가 탐구활동에 적절한지, 그리고 지원하려는 학과에 맞는지가 아니라 "주제가 생각나지 않아요! 그러니 적절한 주제를 하나 알려 주시면 안 될까요?"다. 다시 말해 주제 자체를 어떻게 잡아야 할지 모르는 학생이 대부분이다.

학생뿐 아니라 담당 선생님의 고민도 역시 탐구활동 주제를 어떻게 잡는가다. 탐구활동 주제는 학생의 궁금증과 의문에서 시작해야 하는데, 평소에 궁금증과 의문이 없으니 그냥 무턱대고 선생님을 찾아와서는 "탐구보고서를 써야 하는데 아이디어가 전혀 떠오르지 않아요."라고 하면 도무지 지도해 줄 방법이 없으니 난처할 뿐이다.

이 책은 아톰이 탐구활동과 탐구보고서 관련 강의와 멘토링을 해 오면서 학생들은 물론 학생을 지도하는 선생님들도 풀어내기 어려워하고 힘들어 하는 '주제 잡기'에 초점을 맞춘 책이다. 아톰이 출간한 『주제 맞춤 탐구보고서 쓰기』에도 물론 주제 선정과 관련된 내용이 포함되어 있긴 하지만, 탐구활동과 탐구보고서 전반의 이야기를 담다 보니 주제 선정에 많은 지면을 할애하기 어려웠고, 이 부분이 항상 아톰의 마음을 불편하게 했다.

그래서 조금 더 상세하게, 그리고 많은 사례를 보여 주면서 주제 선정에만 초점을 맞춘 책이 필요하겠다고 생각했다.

- 의문을 갖기 위해서는 어떻게 해야 하는가
- 의문을 주제로 바꾸기 위해서는 어떻게 해야 하는가
- 진로 맞춤 주제 잡기를 위해 어떤 생각과 기준을 가져야 하는가
- 주제를 잡을 때는 무엇을 우선 고려해야 하는가

이와 같은 내용을 중심으로 학생들이 쉽게 이해할 수 있도록 가능하면 사례를 많이 담으려고 노력했다. 이 책에 담긴 사례와 이야기는 지난 몇 년간 여러 고등학교에서 아톰과 멘토링 과정을 함께했던 학생들의 도움이 없었다면 빛을 보지 못했을 것이다. 이 자리를 빌려 강의와 멘토링을 함께해 주었던 학생들과 많은 지원을 아끼지 않았던 선생님들에게 감사의 말씀을 드린다.

Dr. 아톰 박규상

1. 3학년 학생이거나 탐구활동 준비에 시간이 부족하다면 책을 처음부터 읽지 말고「Chapter 5. 당장 활용할 수 있는 의문과 주제 형식」과「Chapter 6. 의문 다듬기와 최종 주제 결정하기」를 먼저 읽도록 하자. 시간이 날 때 다시 처음부터 차근차근 읽어 보자.

2. 이 책은 탐구활동과 탐구보고서의 주제 잡기에 초점을 맞추고 있어서 만일 탐구활동을 구체적으로 어떻게 해야 하고, 탐구보고서는 어떻게 써야 하는지에 대해 알고 싶다면 아톰이 출간한 책 『주제 맞춤 탐구보고서 쓰기』를 읽어 보자. 특히 설문조사와 실험조사에 관해 궁금하다면 『주제 맞춤 탐구보고서 쓰기』 163~183쪽을 꼭 참조하자.

3. 과학적·학문적 탐구력에 필요한 개념 중 하나가 '가설'인데, 이 책에서는 다루지 않았다. 2, 3학년 학생이라면 『주제 맞춤 탐구 보고서 쓰기』의 121~126쪽에 자세히 설명되어 있으니 한번 읽어 보자.

4. 이 책은 탐구활동의 조사 결과를 수량화하여 객관적 근거를 제시할 수 있는 의문과 주제를 설문조사나 실험조사를 통해 풀어 내는 과정을 설명하고 사례를 중점적으로 소개하고 있다. 토론이나 문헌조사 중심의 탐구활동이라면 의문과 주제마다 개별적으로 논리 구성이 필요하니 관련 교과 선생님과 이야기를 나누고 도움을 받아 탐구활동을 하자.

5. 책에서는 학생들 간의 대화나 아톰과 학생 간의 대화 형식을 빌려서 의문이 주제로 발전하는 과정을 설명하고 있다. 그러다 보니 '나는 이렇게 대화를 나눌 사람이 없으니 탐구활동은 무리겠구나.'라고 생각하는 학생이 있을지도 모른다. 탐구활동과 탐구보고서는 학생 혼자서 씨름하는 것보다는 친구나 선생님과의 대화를 통해 주제를 잡아 나가는 것이 바람직하다. 이 책을 읽는 것에 그치지 말고, 적극적으로 주변 사람과의 대화를 통해 도움을 받아야 한

다. 내 의문과 주제가 너무 시시하고 하찮을 것 같다고 부끄러워 말고, 선생님을 찾아가서 의견을 구하도록 하자. 혼자 탐구활동을 해내야 하는 경우라면, 마음속에 가상의 친구를 하나 만들어 대화를 나누면서 주제를 잡아 가도록 하자.

6 의문 다듬기와 최종 주제 결정하기

이런 것도 주제가 될까?

　　탐구활동을 시작해야 하는데 도대체 어떤 것이 주제가 될 수 있고, 또 주제는 어떻게 만드는 걸까? 아니 그보다 주제란 과연 무엇이고, 어떤 조건을 충족해야 하는 걸까? 그냥 궁금한 거라면 모든 것이 탐구 주제가 되는 걸까?

　　탐구보고서를 써야 하니 주제를 적어서 선생님에게 제출하라고 하는데, 전혀 감이 오지 않는다. 그럼 어떻게 해야 할까?

　　우선 다른 학생들이 어떤 식으로 주제를 잡아 가는지 들여다보면 좋을 듯하다. 처음에는 말도 안 되는 것처럼 보였던 의문이 구체적인 주제로 바뀌어 가는 과정을 따라가다 보면 주제 선정과 관련된 핵심 사항을 알아볼 수도 있을 것 같다. 그럼 일단 아톰의 탐구보고서 강의 현장으로 가 보자.

무엇이든 상관없으니 우선 의문이 있어야 한다

대강당에서 진행되는 고등학교 2학년 전체 학생 대상의 탐구보고 서 강의를 마치면서 학생들에게 물었다.

"혹시 지금 이러이러한 주제를 생각하고 있는데 이게 적절한 주 제인지, 아니면 이런 의문을 가지고 있는데 이런 것도 주제가 될 수 있는지 궁금하면 손을 들고 말해 주세요."

아무래도 많은 학생이 있는 자리고, 또 자기가 생각하고 있는 내 용이 주제로는 어울리지 않을 것 같아서, 아니면 빨리 강의를 마치 고 교실로 돌아가고 싶어 하는 다른 학생들의 시선도 있기 때문인 지 손을 드는 학생이 없다. 그래서 강의를 마치려 하는 참에, 중간

줄에서 한 학생의 손이 슬그머니 올라오는 것이 보였다. 반가운 마음에 빨리 일어나서 생각하고 있는 걸 말해 보라고 하니, 엉거주춤한 자세로 일어나면서 이렇게 이야기를 꺼냈다.

"근데 아무리 생각해도 이런 건 주제로 적절하지 않을 것 같긴 한데…."

"적절한지 아닌지는 제가 들어보고 판단해 볼 테니, 너무 걱정하지 말고 일단 의문을 말해 보세요."

"사실 저는 날씨가 궂으면 공부하기가 싫어지거든요. 그래서 진짜 저와 같은 마음이 다른 친구들도 생기는지 궁금했어요. 이런 것

   나만의 탐구 주제 잡기

도 주제가 될 수 있을까요?"

학생은 말을 마치더니 멋쩍은 표정으로 얼른 자리에 앉았는데, 주변에 있던 친구들이 한마디씩 하면서 웅성대기 시작했다. "그게 뭐야. 그게 어떻게 주제가 되겠어."라며 웃는 친구도 있고, 바로 옆자리의 친구는 "그런 걸로 주제를 만들 수 있으면 나는 100개도 더 만들겠다."라며 그 학생의 어깨를 툭 치기도 했다. 아톰은 그 학생에게 다시 일어서 달라고 부탁했다.

"지금 너무나 멋진 의문을 말해 주었어요. 그럼 지금부터 그 의문으로 주제를 만들고, 어떻게 조사할지를 결정해 보도록 하죠."

아주 멋진 의문이라고 칭찬하고 주제와 조사 방법까지 결정해 준다고 하니, 방금까지 웅성대면서 웃고 있던 학생들이 눈을 동그랗게 뜬다.

의문은 반드시
구체적으로
다듬어야 한다

"자, 그럼 먼저 물어볼게요. 궂은 날씨엔 공부하기 싫어진다고 했는데, 궂은 날씨란 건 어떤 날씨인가요? 구름이 많이 낀 날씨인가요, 아니면 비가 와서 습한 날씨인가요, 아니면 바람이 불어서 스산한 날씨인가요?"

"제가 말하려는 건 비가 오거나 하는 날씨예요."

"아, 그럼 습도가 높은 날씨를 말하는 거군요?"

"네, 맞아요. 비가 오거나, 비가 안 와도 습기가 많아 눅눅하게 느껴지는 날씨요."

"알겠어요. 그럼 학생은 습도가 높아지면 공부하기가 싫어진다는 거군요. 그럼 습도가 높으면 공부하기 싫어지는 이유를 알고 싶은 건가요, 아니면 다른 학생들도 습도가 높으면 공부하기 싫어지는지가 궁금한가요?”

“사실 두 가지 모두 궁금하기는 해요. 그런데 이유를 알려면 뭔가 거창한 실험을 해야 할 것 같아서 그건 아니고, 우선은 저 혼자만 그런 건지 아니면 다른 친구들도 그런 건지 알고 싶어요.”

“그러니까 다른 학생들이 습도가 높아지면 얼마나 공부하기 싫어지는지를 확인하고 싶은 거죠?”

“네, 바로 그거예요.”

“그런데 습도가 너무 낮아서 건조해도 자꾸 갈증이 나서 공부하기 싫지 않을까요?”

“아, 그렇기도 하겠네요. 그러면 습도가 얼마나 높고 낮은가에 따라 공부하기 싫어지는지를 알아보면 될까요?”

“괜찮을 듯해요. 그럼 주제는 일단 ‘습도에 따라서 변하는 공부하기 싫은 정도의 확인을 위한 조사’라고 하면 어떨까요?”

“네, 괜찮은 것 같아요.”

학생은 눈을 크게 뜨면서 뭔가 뿌듯해 보이는 미소를 짓고, 주변 학생들은 모두 “와~” 하는 탄성을 내지른다. 처음 의문을 조금 다듬으니 주제로 삼아도 문제가 없을 듯하다. 그런데 정말 이대로 괜찮을 걸까? 아니다. 이 상태로도 부족하니 조금 더 의문을 다듬어야 한다.

"그런데 주제를 표현할 때는 간략하지만 이해하기 쉬운 명사나 명사형을 사용하면 좋은데, 어떤가요? '습도'는 쉽게 숫자로 표시할 수 있는 명사이고 일상생활에서도 사용하고 있으니 문제없는데, '공부하기 싫은 정도'란 말이 무슨 말인지 정확히 이해가 되나요? 명사라기보다는 설명처럼 보여요. 그리고 강의에서 주제나 제목에는 학문에서 사용하는 용어를 쓰는 것이 좋다고 했는데, 과연 학문적으로도 '공부하기 싫은 정도'라는 식의 표현을 할까요?"

다른 학생들에게도 물어보니 모두가 그렇지 않을 것 같다고 대답한다. 함께 강의를 듣고 있는 선생님들의 표정도 비슷하다.

"그럼 공부하기 싫은 정도를 다시 어떻게 표현하면 좋을까요?"라고 학생들에게 물어보니 '놀고 싶은 마음'이나 '공부 포기'와 같은 창의적인 대답을 해 주는 학생들도 있지만, 대부분 학생이 고개를 갸웃거린다. 자, 그럼 이렇게 생각해 보자.

이 학생은 "습도가 너무 높거나 낮으면 정말 공부가 하기 싫어지는 걸까?"라는 의문에서 모든 학생이 그런지 알고 싶다고 했는

     나만의 탐구 주제 잡기

데, 이걸 반대로 생각해 보면 어떨까? "습도가 어느 수준으로 적당하면 공부를 하고 싶어질까?"라고 말이다. 다시 말하면 '어떤 습도에서는 공부하고 싶은 마음이 줄어들고, 어떤 습도에서는 공부하고 싶은 마음이 커진다.'를 확인해 보는 것이다. 이렇게 생각하면 주제는 '습도 변화에 따른 공부하고 싶은 정도의 조사'라고 할 수 있다.

자, 이제 표현을 조금 더 다듬어 보자. '공부하고 싶은 마음'에서 공부를 '학습'으로 바꾸어서 생각하면 어떨까? 그럼 '학습하려는 마음이나 태도'라고 조금은 그럴듯한 표현을 할 수 있다. 여기서 조금 더 나가 보자. '무엇을 하려는 마음이나 태도'는 조금 딱딱한 표현일지는 모르지만 '의욕'이라고도 할 수 있다. 그럼 '학습 의욕'이라고 바꾸면 어떨까? 아니면 그냥 '학습 태도'나 '학습 동기', 아니면 '탐구심' 같은 표현으로 바꾸어 생각할 수도 있다.

"학생이 생각하는 의문은 습도 변화에 따라 학습 태도나 학습 의욕은 어떻게 변화하는지가 궁금한 것이니 '습도와 학습 태도의 관계 조사'라고 하면 어떨까요? 이쪽이 이만큼 변화할 때 저쪽은 또 얼마만큼 변화하는지는 결국 관계를 말하는 거니까요."

이렇게 말해 주자 강의장에 있는 학생들이 "와~"하는 함성을 지르고, 몇몇 학생은 박수를 치기도 한다. 자, 이제 '습도와 학습 태도의 관계 조사'라는 임시 주제가 만들어졌으니 다음 단계로 넘어가 보자.

임시 주제와 진로의 연관성을 생각해 보자

탐구활동을 하는 목적은 학교생활기록부의 진로활동 항목에 탐구활동과 탐구보고서 관련 내용을 담아 대학 입시에서 자신의 진로역량을 보여 주기 위한 것이다. 그러니 당연히 지금 정한 임시 주제인 '습도와 학습 태도의 관계 조사'가 학생이 지원하려는 학과와 어떤 연관성이 있는지를 생각해 보아야 한다. 물론 처음 의문 단계에서 진로와의 연관성을 생각해도 괜찮다.

"그런데 학생은 어떤 학과에 지원하려고 생각하고 있나요?"

"아직 정해지지 않았지만 일단 심리학과나 교육학과, 사회학과 정도를 생각하고 있어요."

그러니까 이 학생은 자연계열이 아니라 인문사회계열의 학과를 생각하고 있다.

심리학과는 인간의 심리와 관련한 다양한 범위의 내용을 다룬다. 학습 태도도 '태도'라는 단어 자체가 심리를 표현한 것이고, 그 심리에 습도라는 환경 요인이 어떤 영향을 주는지를 알아보려는 것이니 진로에 적절한 주제다.

교육학과는 어떤가. 누가 보아도 이 주제는 교육학과에 딱 맞는 주제라는 걸 알 수 있다. 학생들의 학습 성과를 높이기 위해서는 어떻게 해야 하는가를 연구하는 교육학과의 특성을 생각하면 이만큼 잘 맞는 주제도 찾기 어려울 수 있다.

사회학과는 사회에 속해 있는 우리의 삶과 행동에 대한 학문을 배우는 곳이다. 쉽게 말해 집단 속에서 개인은 어떤 식으로 생각하고 움직이는가를 중심으로 연구한다. 그러니 심리학과나 교육학과만큼은 아니지만, 학교와 교실이라는 '사회 집단'에서 개별 학생들의 '행동'에 어떤 것이 영향을 주는지, 그리고 어떻게 그 행동을 통제하거나 조정할 수 있는지를 다룬다는 점에서 주제와 연관성이 높다.

그런데 학생이 3학년이 되어 경영학과에 지원하고 싶어지면 이 주제는 연관성이 없는 주제가 되어 버리는 걸까? 아니다. 노동자의 성과를 높이기 위해 어떤 환경을 조성해야 하는가도 경영학의 주된 연구 주제이므로 노동 환경의 하나인 '습도'를 어떻게 조절해야 노동 성과가 높은지도 아주 좋은 연구가 된다. 그런데 고등학생이 실제로 노동 현장에서 이를 탐구할 수는 없는 노릇이고, 고등학생의 노동 성과는 '학습 성과'라고 할 수 있으므로 학습 성과에 습도가 어떤 영향을 미치는지를 탐구한다면 훌륭한 경영학적 의의가 있다고 할 수 있다.

이 주제는 인문사회계열 대부분의 학과와 연관성이 깊다. 또한, 탐구하려면 설문조사를 해야 하는데, 설문조사는 인문사회계열 학과에서 가장 많이 사용하는 연구 방법이니 평가자는 '이 학생은 설문조사의 기본을 이해하고 있으니 우리 학과에서 필요한 역량을 지녔다고 볼 수 있겠군.' 하고 생각할 것이다.

자연계열 학과와의 연관성도 전혀 없는 것은 아니다. 환경공학과, 산업공학과, 건축학과 등도 환경이나 공간의 요인이 인간에게 미치는 영향을 연구하는 학과이니 관련성이 있다. 게다가 자연계열 학과에서도 설문조사를 많이 활용하고 있으니 진로 역량을 보여 주는 데는 문제가 없다. 다만 화학과, 수학과, 천문학과 등의 자연계열 학과에 지원한다면 다른 주제를 생각해 보는 것이 좋을 것이다.

임시 주제와 진로의 연계성은 학생 혼자서 고민하기보다는 선생님이나 가족, 지인의 조언을 꼭 구한 후 결정하는 것이 좋다. 아무래도 대학의 각 학과에 대한 이해도가 학생보다는 높기 때문이다. 혼자서 생각하고 결정하려다 보면 오히려 잘못된 판단을 내릴 수 있으니 조심하자.

자, 이제 임시 주제가 학생의 향후 진로와 잘 연계된다는 것을 알았으니 다음 단계로 넘어가도록 하자.

   나만의 탐구 주제 잡기

임시 주제를 정했다면 검색해 보아야 한다

'습도와 학습 태도의 관계 조사'라는 임시 주제를 말해 주니 맨 앞 줄에 앉은 한 학생이 묻는다.

"그런데 지금 말씀하신 주제가 탐구활동에 적절한지는 어떻게 알 수 있죠? 지금은 강사님께서 말씀해 주신 거니 괜찮을 것 같지만 저희가 혼자 생각해야 할 때는 어떻게 하나요?"

이 학생의 말대로 아톰이 말한 주제는 아직은 확정된 탐구 주제가 아니라 임시 주제일 뿐이다. '습도와 학습 태도의 관계 조사'가 실제 주제가 되기 위해서는 정말 탐구할 만한 가치가 있는 것인지, 탐구활동에 적절한 것인지, 너무 뻔한 주제는 아닌지, 구체적 조사가 가능해서 보고서를 쓸 수 있는지 등을 확인해야 한다.

강의장에서 빔프로젝터와 연결된 노트북으로 우선 학술연구정
보서비스(RISS) 사이트에 들어가서 논문이나 서적, 보고서가 있는
지 알아보기 위해 검색창에 '습도 학습 태도', '습도 학습 의욕' 등
을 넣어 본다. 논문이나 보고서 중에는 두 단어가 들어간 것이 발견
되지 않는다. 흠, 그럼 이런 것은 적절하지 않은 걸까?

이번에는 구글에 들어가서 '습도 학습 태도'를 입력하고 검색
을 해 본다. 검색 AI의 대답을 보니 쾌적한 학습 환경을 위해서는
40~60%의 습도를 유지하는 것이 좋다고 말해 준다. 그리고 보건
복지부에서도 겨울철 실내 습도를 40~60%로 유지하도록 권장하
고 있다는 기사도 있다. 그러니까 습도에 따라서 학습 태도가 어떻
게 달라지는지를 연구한 논문을 찾을 수는 없지만, 습도가 학습에
영향을 미친다는 것은 분명하다는 걸 확인할 수 있다.

이제 천천히 생각을 해 보자. 이미 40~60%가 학습 태도에 적절
하다고들 이야기하는 것 같은데, 그럼 이미 밝혀진 것이니 굳이 탐
구할 필요가 없지 않나? 이렇게 생각하면 가치가 없을 듯하다. 하
지만 임시 주제와 정확히 똑같이 습도와 학습 태도나 학습 의욕의
관계를 다룬 연구도 찾기는 힘드니, 이번 기회에 한번 해 보는 것도
나쁘지는 않을 듯하다.

　　　　　　　　　　나만의 탐구 주제 잡기

고등학교 2학년 수준의 탐구활동 주제로는 사실 이걸로 충분하다. '습도와 학습 태도의 관계 조사'를 탐구하기 위해서는 실제로 학습 태도 설문조사를 해서 점수를 산출하고, 이 점수와 습도가 어떤 관계를 지니는지 엑셀에서 분포도를 그려 알아보아야 하는데, 학생 스스로가 데이터를 만들어 내서 분석하는 것 자체로도 훌륭한 탐구활동으로 평가받을 수 있기 때문이다.

단지 열심히 습도와 학습 태도 설문조사 점수를 그래프로 그려서 분석해도 결국은 40~60%의 습도가 적정하다는 기존의 결과가 나온다면 다소 아쉬울 수 있다. 그럼 이런 아쉬움을 메울 방법은 없을까? 일단 임시 주제로 괜찮다고 이야기해 주고 나서, 혹시 아쉬움이 있는지 학생에게 물어보았다.

"강사님 말씀대로 처음 주제를 말씀해 주셨을 때는 정말 좋다고 생각했는데, 검색해 보니 이미 적절한 습도가 밝혀져 있는 것 같아서 약간 아쉽기는 해요. 그래도 괜찮다고 말씀을 해 주셨으니 이 주제로 해 볼까 하는데요."

이렇게 말하기는 하지만 학생의 표정에서는 아쉬움이 감춰지지 않는다. 그래서 이 아쉬움을 채워 줄 방법을 이야기해 주었다.

"이렇게 생각해 보면 어떨까요? 여학생과 남학생 간에는 습도가 변화하면 공부를 하고 싶어 하는 정도가 변화하는 모습이나 패턴에 차이가 있을 수도 있겠죠. 남성과 여성은 온도에서 민감도의 차이가 있다고 하는데, 그럼 습도를 느끼는 차이도 있겠죠. 학생의 성별에 따라서 가장 공부하고 싶어지는 습도는 다를지를 탐구하는 것도 재미있지 않을까요?"

"아! 그럴 것 같아요. 제 친구들도 여자애들이 남자애들보다 추위를 더 잘 느끼니까 확실히 남녀의 차이가 있을 것 같고요."

"자, 그럼 이렇게 주제를 정합시다. 학습 태도도 고등학생의 학습 태도를 말하는 것이니 '습도와 고등학생 학습 태도의 관계 조사: 성별 차이를 포함하여'라고 말이죠."

주제가 확정되면 조사 결과 이미지를 상상해 보자

주제가 정해졌으니 이제 이 주제로 어떻게 탐구활동을 할지, 즉 어떤 조사를 통해 주제를 풀어 나갈지 정해야 한다. 이번 탐구활동은 설문조사를 해야 하니 누구에게, 몇 명에게, 어떤 내용을 물어볼 것인지를 정해야 한다. 하지만 조사 방법을 구체적으로 정하기에 앞서 더 중요한 것이 있다. 바로 이 주제로 탐구보고서를 쓸 때, 구체적으로 어떤 조사 결과를 보여 주고 싶은지 머릿속으로 이미지를 떠올려 보는 것이다.

학생은 탐구활동을 통해 최종적으로 어떤 것을 보여 주고 말하고 싶을까? 일단 습도가 높거나 낮게 변화하면 그에 따라서 학습 태도도 변화하는 모습을 보여 주고 싶을 것이다. 쉽게 상상하자면

y축에 학습 태도가, x축에는 습도가 있는 분포도 그래프를 떠올리면 된다. 만약 30명의 학생을 대상으로 조사를 했다면 이 분포도 그래프에는 30개의 점이 찍힐 것이다. 아마도 다음과 같은 분포도 그래프를 상상할 수 있을 것이다.

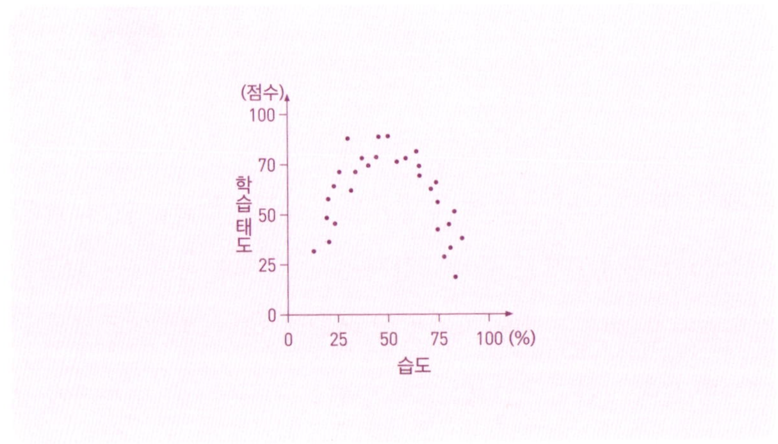

하지만 이 학생의 확정된 주제를 보면 남학생과 여학생을 성별로 따로 조사해서 결과를 비교하고 차이를 알고 싶다고 했다. 그러니 남학생과 여학생의 습도와 학습 태도 점수 분포가 담긴 분포도 그래프가 따로 나와야 한다는 걸 상상할 수 있다. 그리고 2개의 분포도 그래프가 어떻게 다른지를 분석하면 될 것이다. 아마도 다

 나만의 탐구 주제 잡기

음과 같은 2개의 분포도 그래프를 탐구보고서에 담을 수 있을 것이다.

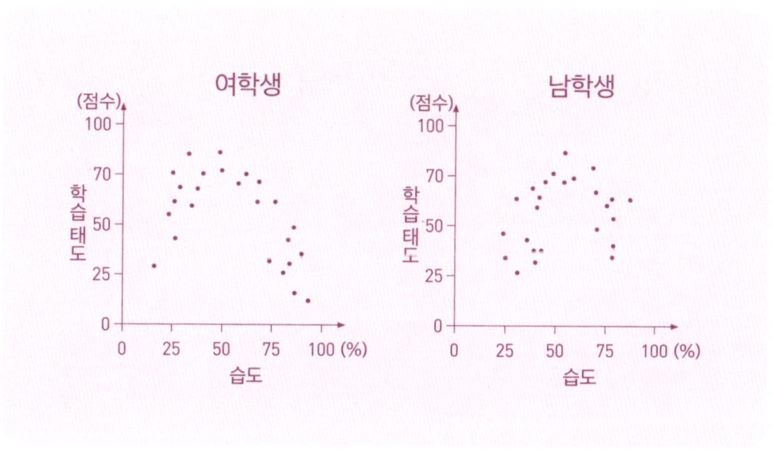

지금까지 3가지 분포도 그래프를 결과로 상상할 수 있었다. 여학생 그래프, 남학생 그래프 그리고 여학생과 남학생을 더한 전체 학생의 그래프. 어차피 여학생과 남학생의 데이터를 따로 확보해서 분포도 그래프를 그릴 수 있다면, 두 데이터를 합쳐서 남녀 전체 학생의 분포도 그래프도 그릴 수 있으니 문제는 없다. 결과적으로는 '여학생 그래프+남학생 그래프+전체 학생 그래프', 이렇게 3가지 분포도 그래프를 보여 준다면 가장 완벽하다. 그럼 탐구보고서에

담을 탐구활동의 최종 결과는 대략 다음의 3가지 분포도 그래프라
고 상상할 수 있다.

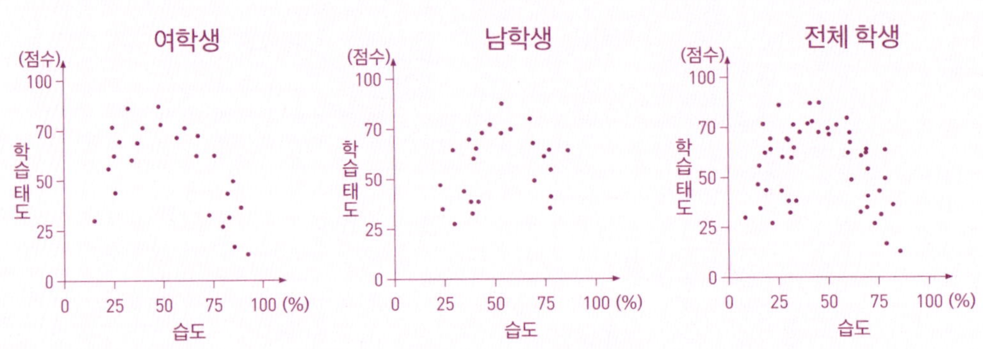

이런 상상 이미지는 정확한 것이 아니라 그냥 대략적인 그림이
라고 생각하면 된다. 그저 '아, 이런 식으로 결과를 도출해서 이렇
게 탐구보고서에 담으면 되겠구나.'라는 걸 상상해 보는 것이다.
여기서는 학습 태도(점수)와 습도의 관계를 분포도 그래프로 보여
주면 된다는 것을 이미지로 떠올려 보는 것으로 충분하다. 실제 조
사 결과는 상상한 이미지와 다르게 나와도 상관없다. 중요한 것은
두 축이 습도와 학습 태도로 구성된 분포도 그래프 형식으로 여학

 　　　　　　　나만의 탐구 주제 잡기

생, 남학생, 전체 학생의 3가지 그래프가 필요하다는 것을 상상하면 된다.

아톰이 화이트보드에 전체 학생의 이미지까지 포함된 3가지 분포도 그래프를 대충 그려서 학생에게 보여 주면서 '습도와 고등학생 학습 태도의 관계 조사: 성별 차이를 포함하여'를 주제로 탐구보고서를 작성한다면 반드시 조사 결과에 남녀 비교의 두 분포도 그래프가 비교되는 모습으로 들어가야 한다고 말해 주었다.

"어때요? 이런 식으로 2개의 다른 분포도 그래프가 조사 결과로 나와야 남학생과 여학생, 그러니까 성별에 따라 어떤 특징이 있는지 비교할 수 있겠죠? 예를 들어, 여학생의 학습 태도가 가장 높을 때의 습도는 45% 정도인 데 비해, 남학생은 60% 정도의 습도에서 학습 태도가 가장 높았다는 식으로 말이죠. 물론 이것은 예시니까 반드시 이렇게 나오진 않겠지만요. 만일 전체 학생의 분포도 그래프도 보여 준다면 처음 의문을 지녔던 습도와 학습 태도의 관계가 어떤지까지 탐구보고서에 보여 줄 수 있겠죠."

어떤 조사 결과를 탐구보고서에서 제시할 것인가를 이미지로 상상할 수 있어야만 '어떻게 조사할 것인지'라는 조사 방법도 정할 수 있다. 일단 분포도 그래프의 두 축이 습도와 학습 태도이니 이 2가지의 데이터가 필요한데, 습도는 간단히 기상청 홈페이지에 들어가거나 매일매일의 습도 데이터를 확보할 수 있다. 그럼 학습 태도의 데이터는 어떻게 확보해야 할까? 학생도 궁금했는지 묻는다.

"그런데 강사님, 생각해 보면 습도는 간단하게 알 수 있을 것 같은데, 학습 태도는 어떻게 구하는 건가요? 점을 찍기 위한 것이니까 뭔가 점수처럼 나와야 하는 것 같은데…."

주제를 풀기 위한 조사 방법을 결정하자

"맞아요. 분포도 그래프를 그리기 위해서는 습도나 점수처럼 숫자로 표현할 수 있는 것이 필요하죠. 습도는 쉽게 기상청 데이터를 가져오면 되니 문제는 없어요. 그럼 학습 태도는 어떻게 숫자로 나타낼 수 있을까요?"

"혹시 설문조사를 해서 구할 수 있지 않을까요?"

"오! 정답입니다. 학습 태도는 설문조사를 통해 쉽게 점수화할 수 있어요. 논문 검색 사이트에 가서 '학습 태도'를 검색해 보면 석사나 박사학위논문 마지막에 부록이라는 게 있는데, 여기에 설문 문항이 담겨 있어요. 학습 태도 설문 문항은 아마도 '나는 공부하는 것이 즐겁다.'라는 문항에 대해 '1)전혀 그렇지 않다. 2)그렇지 않은 편이다. 3)보통이다. 4)그런 편이다. 5)매우 그렇다.'의 5점 척도로 대답하도록 구성되어 있을 거예요. 만약 '5)'라고 응답한 학생이라면 '공부하는 것이 매우 즐겁다.'라고 응답한 셈이니 학습 태도가 높다고 말할 수 있겠죠."

"아, 그런 식으로 하는 설문조사는 저도 경험이 있어요. 그럼 이 한 문항을 물어보고 1~5점으로 점수를 내면 되는 건가요?"

"어떤 경우에는 한 문항으로 점수를 내기도 하지만, 학문 탐구에서는 대부분 여러 문항을 물어보고 응답을 합산해서 점수를 내는 경우가 더 많아요. 예를 들어, 학습 태도를 알아보는 문항이 10개의 문항이고 '1)전혀 그렇지 않다.'에서 '5)매우 그렇다.'를 1점에서 5점으로 점수를 매긴다고 한다면 모든 문항에 '5)'를 체크한 학생은 학습 태도가 50점이 되고, 반대로 모든 문항에 '1)'이라고 체크한 학생의 학습 태도는 10점이 되는 거죠. 그럼 학습 태도는 최저 10점에서 최고 50점 사이의 점수로 나타납니다."

"그럼 그 설문 문항은 제가 마음대로 만들면 되는 건가요?"

"뭐, 정말 어쩔 수 없는 경우에는 그럴 수도 있지만, 가능하면 논문과 같은 학문적 연구에서 활용했던 설문 문항을 가져다 사용하는 것이 좋습니다. 논문에서 사용한 설문 문항을 그대로 사용해도 좋고, 학생들에게 적절하지 않다고 생각하는 문항은 빼도 괜찮아요. 설문조사를 부탁할 친구들이 설문 문항이 너무 많으면 응답해

   나만의 탐구 주제 잡기

주지 않을 가능성이 있으니 문항 수는 10개 정도가 좋고, 15개는 넘지 않는 게 좋아요. 참, 어떤 문항을 뺄지 결정할 때 선생님과 의논해 본다면 더욱 좋습니다."

이제 습도와 학습 태도를 구하는 방법은 알게 되었다. 하지만 아직 해결해야 할 문제가 하나 남아 있다. 바로 분포도 그래프에 찍히는 점의 수, 그러니까 조사 대상자는 몇 명으로 하는가의 문제다.

자, 여기 남학생 한 명의 학습 태도가 습도가 각기 다른 20일간 어떻게 변화하는지를 점을 찍어 분포도를 그린다고 가정해 보자. 아마 이렇게 하면 분포 형태가 어떤지 알기 쉬울 것이다. 그러면 어떻게 하면 될까?

먼저 남학생 A에게 습도가 다른 20일 동안 10개의 문항으로 구성된 학습 태도 설문 문항에 응답하게 한 다음 10~50점의 점수를 구한다. 그리고 각 날의 습도와 학습 태도 점수를 분포도에 그리면 20개의 점으로 나타나는데, 이게 남학생 A의 분포도 그래프가 된다. 여학생 B에게도 같은 방식으로 설문조사를 하고 분포도를 그리면 20개의 점을 찍을 수 있고, 이것이 여학생 B의 분포도 그래프가 될 것이다. 그럼 이렇게 하면 되는 걸까?

"아니, 그건 아닌 것 같아요. 왜냐면 제가 알고 싶은 건 여학생들이라면 이럴 것 같고, 남학생들이라면 이럴 것 같다는 것이지, 누군가 한 사람의 경우를 알고 싶은 건 아니거든요."

"정확히 맞혔어요. 그럼 어떻게 하는 게 좋을까요?"

"우리 반의 학생이 27명인데 모두 물어보면 어떨까요?"

"아, 그러면 정말 좋죠. 그럼 여학생과 남학생은 각각 몇 명인가요?"

"남학생은 14명, 여학생은 13명이에요."

"인원이 너무 차이가 나지만 않으면 되니까 정확히 똑같지 않아도 괜찮아요. 그럼 습도가 다른 20일을 선택해서 반 학생 모두에게 학습 태도 설문조사를 해 보죠. 조사한 날마다 남학생들의 점수를 더해서 14로, 여학생들 점수를 더해 13으로 나누어 평균을 내면 각 날의 습도와 남학생의 학습 태도 점수 평균, 여학생의 학습 태도 점수 평균을 구할 수 있겠죠. 이걸로 분포도를 그려 보는 거예요."

"오! 강사님 말씀이 괜찮을 것 같아요."

"그런데 한 가지 문제가 있어요. 똑같은 학습 태도 설문 문항으로 조사를 20회나 하다 보면 학생들은 지겹기도 하고, 또 며칠 전에 했던 응답을 기억하고 있어서 영향이 있을 수 있어요. 그래서 이럴 때는 3명이나 4명으로 조를 짜서 조사하는 것이 현실적입니다. 일단 남학생과 여학생을 4개 조로 만듭니다. 이렇게 하면 한 사람당

                      나만의 탐구 주제 잡기

20일이 아니라 5일만 조사에 참여하면 되니 부담이 크게 줄 거예요. 그러면 다음 표와 같이 데이터를 정리하면 될 겁니다."

"하지만 어떤 조는 공부를 열심히 하는 학생들이고, 어떤 조는 그렇지 않으면 학습 태도가 습도에 영향을 받는 건지, 아니면 성격에 영향을 받는 건지 알 수 없지 않나요?"

"아주 좋은 질문이에요. 그래서 조를 구성할 때는 가능하면 성적이나 성격을 고려해서 적절하게 배분하는 것이 좋습니다. 그러니 선생님과 함께 의논해서 조를 만들거나, 평소 친구들의 성격이나 학습 성향을 잘 고려해서 조를 만들면 좋겠죠."

	날짜 (월/일)	습도 (%)	남학생 학습 태도 (조별 평균)	여학생 학습 태도 (조별 평균)		날짜 (월/일)	습도 (%)	남학생 학습 태도 (조별 평균)	여학생 학습 태도 (조별 평균)
1	3월 11일	58.0	1조 평균	1조 평균	11	3월 28일	41.6	3조 평균	3조 평균
2	3월 12일	72.3	2조 평균	2조 평균	12	3월 30일	51.1	4조 평균	4조 평균
3	3월 14일	31.4	3조 평균	3조 평균	13	4월 1일	53.0	1조 평균	1조 평균
4	3월 17일	46.0	4조 평균	4조 평균	14	4월 3일	65.6	2조 평균	2조 평균
5	3월 19일	49.5	1조 평균	1조 평균	15	4월 7일	86.1	3조 평균	3조 평균
6	3월 20일	62.8	2조 평균	2조 평균	16	4월 8일	34.1	4조 평균	4조 평균
7	3월 21일	78.3	3조 평균	3조 평균	17	4월 10일	87.4	1조 평균	1조 평균
8	3월 24일	56.1	4조 평균	4조 평균	18	4월 11일	28.3	2조 평균	2조 평균
9	3월 25일	63.5	1조 평균	1조 평균	19	4월 14일	70.0	3조 평균	3조 평균
10	3월 26일	46.4	2조 평균	2조 평균	20	4월 16일	38.4	4조 평균	4조 평균

주제가 지닌 의의와 활용 가치를 고민해 보자

이제 알고 싶은 것을 어떻게 조사하고, 어떤 데이터를 확보하고, 탐구보고서에 어떻게 결과를 보여 주는지를 대략 예상할 수 있다면 주제를 확정해도 좋다. 하지만 대학 입시에서 경쟁력을 지닌 탐구활동이 되기 위해선 필요한 것이 한 가지 남아 있다. 바로 내가 탐구하려는 그 주제가 과연 어떤 의의가 있으며, 어떤 활용 가치가 있는가를 생각해 보아야 한다.

"이제 주제 선정에 필요한 건 모두 검토한 듯한데, 마지막으로 하나가 남았네요. 바로 주제가 지니는 의의와 활용 가치입니다. 그러니까 지금 학생이 하려는 '습도와 고등학생 학습 태도의 관계 조사: 성별 차이를 포함하여'라는 주제로 탐구활동을 하는 이유나 의

나만의 탐구 주제 잡기

의가 무엇인지를 검토해야 한다는 거예요.”

“아, 그러고 보니 주제를 만드는 것에만 신경 쓰다 보니 강사님께서 강의 중에 강조하셨던 주제의 의의와 가치는 따져 보지 않은 것 같아요.”

“맞아요. 그럼 이 주제로 탐구활동을 하는 의의나 가치는 어떤 것이라고 할 수 있을까요? 다시 말하면, 왜 이 주제를 선정했는가에 대한 이유를 생각하는 거죠. 탐구보고서에는 탐구 배경과 목적에 써야 하는 내용이기도 해요.”

“사실 제가 습도별 학습 태도에 의문을 가지게 되었던 건, 제가 습도 높은 날에는 공부하기 싫어하는 걸 부모님이 아시고는 제습기를 제 방에 놓아 주셨거든요. 그런데 학교에는 교실이나 도서관에 공기청정기는 있지만 제습기가 없더라고요. 만일 저처럼 다른 학생들도 습도에 영향을 받는다면 입시를 코앞에 둔 3학년 교실이라도 제습기를 두면 어떨까 하는 생각을 한 적은 있었거든요.”

“와, 정말 멋있는 말이네요. 학생의 말처럼 3학년 교실이라도 우선 제습기를 설치해서 필요할 때 활용하면 학습 환경도 좋아지니 자연스럽게 학생과 학교의 입시 경쟁력도 높아지겠죠. 그럼 이번 탐구활동은 학습 환경의 개선이라는 목적을 위한 기반 조사라고 할 수 있겠네요.”

탐구 가치가 없는 주제로 탐구활동을 하는 것은 사실 의미가 없는 행위라고 할 수 있다. 탐구활동을 위해 소중한 시간을 내었다면 의미 있는 시간이 되어야 한다. 사실 탐구 의의와 가치에 대한 적용은 의문을 다듬는 과정에서 진행해도 상관없으며, 때에 따라선 의문 단계에서 의의를 생각하는 것이 더 바람직하다. 나중에 혹시 입시 면접에서 면접관이 탐구활동이나 주제에 대해 질문을 할 수 있으니 자신의 탐구 주제가 지닌 의의나 가치에 대해서 반드시 생각해 두는 것이 좋다.

이렇게 아톰이 강의 현장에서 학생과 나눈 사례를 통해 어떤 흐름으로 주제가 결정되는지를 살펴보았다. 요약하자면 ①사소해 보이는 작은 궁금증을 포함해서 개인적으로 가지고 있는 의문을 떠올리고, ②그 의문을 구체적으로 다듬고, ③진로와의 연관성을 고려해 임시 주제를 만들고, ④관련 정보와 지식을 검색해서 주제를 확정하고, ⑤조사 결과의 이미지를 미리 머릿속에 떠올려 보고, ⑥조사 결과를 도출하기 위한 조사 방법을 결정하고, 마지막으로 ⑦주제의 의의와 가치를 생각해 보는 시간이 필요하다.

주제 잡기 과정	사례
① 작은 의문 떠올리기	"날씨가 궂으면 공부하기 싫어질까?"
② 의문 구체적으로 다듬기	"습도에 따라 학습 태도가 달라질까?"
③ 진로 연관 임시 주제 만들기	'습도별 학습 태도의 차이 조사'
④ 검색하고 주제 확정하기	'성별에 따른 습도별 학습 태도의 차이 조사'
⑤ 조사 결과 이미지 상상하기	남/녀/전체 학생의 3가지 분포도 그래프
⑥ 조사 방법 자세히 결정하기	습도는 기상청에서, 학습 태도는 10문항 설문조사
⑦ 주제의 의의와 가치 생각하기	학습 환경의 개선을 위한 기반 조사

그럼, 본격적으로 탐구 주제를 어떻게 잡아야 하는가를 이야기하기 전에, 탐구활동과 탐구보고서는 과연 어떤 것인지를 알아보도록 하자. 탐구활동과 탐구보고서가 무엇인지, 그 정체를 명확히 알아야 적절한 주제를 잡을 수 있을 것이다.

탐구활동과 탐구보고서를 이해하자

대학 입시에서 경쟁력을 지닌, 다시 말해 대학교수나 입학사정관 등의 평가자에게 높은 평가를 받을 수 있는 주제에 대해 고민하기 전에 먼저 이해하고 넘어가야 할 것이 있다. 바로 '탐구활동과 탐구보고서란 과연 무엇인지' 그 정체를 파악하고, '어떤 탐구활동과 탐구보고서가 높은 평가를 받을 수 있는지'에 대한 것이다. 이 과정을 거치지 않으면 좋은 주제를 제대로 잡을 수 없을뿐더러, 아무리 그럴싸한 탐구 주제를 찾아낸다고 해도 실제 탐구활동으로 이어지기 힘들다. 적을 알아야 싸움에서 이길 수 있는 법. 탐구활동과 탐구보고서에 대해 알아보자.

왜 탐구활동을
해야 하나?
입시 경쟁력 강화!

학생들에게 탐구활동의 목적을 물어보면 이렇게 대답하는 학생이 많다.

"자율적으로 자신이 궁금한 것을 풀어낼 수 있도록 하기 위해."

이 대답이 틀린 것은 아니지만 정확하지는 않다. 궁금한 것이 있어서 스스로 풀어내고 싶다면 집에서 혼자 또는 가족의 도움을 받아도 좋고, 도서관을 찾아 참고 도서를 보며 해결해도 되고, 아니면 지인을 통해 전문가의 도움을 받아도 되고, 친구들과 모여서 해도 될 것이다. 그러니까 굳이 자신의 궁금증을 학교에서 운영하는 탐구 프로그램이나 과정에서 풀어낼 필요는 없다. 그러니 학교에서 탐구 과정이나 프로그램을 별도로 운영하는 이유는 따로 있을 것이다.

또 이렇게 대답하는 학생도 있다.

"보고서를 잘 쓸 수 있는지 평가를 받아 보기 위해."

그럴 수도 있다고 고개가 끄덕여지지만 역시 정확하게 이해한 것은 아니다. 우선 탐구보고서는 탐구활동의 과정과 결과를 담는 그릇일 뿐이다. 가장 중요한 것은 그릇에 담을 내용, 그러니까 '탐구활동을 제대로 수행했는지'를 평가받는 것이다. 그리고 또 하나, 평가자가 누구인지를 정확히 이해하고 있지 않다. 탐구보고서에 담긴 탐구활동의 평가자는 바로 대학 입시 관계자란 점이다.

학교에서 탐구 관련 프로그램이나 과정을 운영하고 학생들에게 참여하도록 권유하는 이유는 바로, 학생들의 입시 경쟁력을 높이기 위해서다. 학생의 학문적 수행 능력이 높은 평가를 받아 입시 경쟁력을 갖출 수 있도록 도와주는 것이 목적이다. 다시 말해 대학 입시 관계자가 '우리 대학에 들어와서 체계적으로 학문을 배우고 익힐 수 있는 소양을 지닌 수준의 학생인가'를 평가하는 데 탐구활동

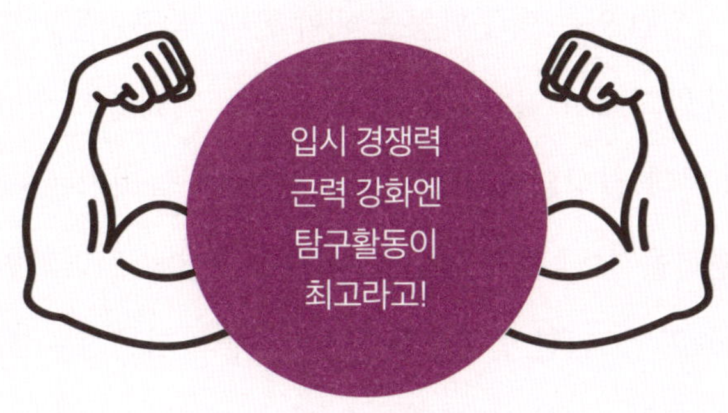

과 탐구보고서가 활용된다는 뜻이다.

그래서 대학 관계자로부터 가능한 높은 평가를 받을 수 있는 탐구활동을 해야 한다. 학교에서 탐구보고서를 써내라고 하니 대충 써서 학교생활기록부에 몇 줄을 채우면 된다고 생각하면 안 된다. 지금 거의 모든 고등학교에서는 운영 방식이나 명칭은 다를 뿐 탐구활동 프로그램을 운영하고 있다. 당연히 학교생활기록부에도 '이 학생은 이러이러한 탐구활동을 했습니다 '라고 기재된다. 이렇듯 학생 대부분이 탐구활동을 하고 있는 상황에서는 탐구보고서를 썼다는 사실만으로는 입시 경쟁력에서 우위를 차지할 수 없다.

입시 경쟁력을 지니려면 다른 학생보다 더 많은 탐구활동을 하거나, 더 경쟁력 있는 탐구활동을 해야 한다. 탐구활동의 기회를 늘리는 것은 학교에서 얼마나 많은 탐구활동 기회를 학생에게 부여하는가에 따라 결정되니 학생 스스로 기회를 늘리기는 어렵다. 하지만 경쟁력을 지닌 탐구활동은 학생이 열심히 노력하면 충분히 가능하다. 고만고만한 탐구활동을 여러 개 하기보다는, 확실히 높은 평가를 받을 수 있는 탐구활동을 하나 수행하는 것이 더 유리하다는 뜻이다.

탐구활동과 탐구보고서는 '나는 충분히 입시 경쟁력을 갖춘 학생입니다.'라는 사실을 평가자인 대학 관계자에게 드러내기 위한 것이다. 따라서 탐구활동 내용은 바로 이들 평가자를 설득하여 높은 평가를 받게 만들어야 한다.

나만의 탐구 주제 잡기

누구를 설득하기 위한 활동인가?
선생님이 아닌 대학 관계자!

탐구활동을 하고 탐구보고서를 쓰는 목적이 높은 평가를 받아 입시 경쟁력을 높이기 위한 것, 즉 평가자인 대학 관계자를 잘 설득하기 위함이라는 것을 확실히 알았다면, 그 평가는 누가 하는지에 대해서도 짚고 넘어가자.

탐구활동의 탐구계획서를 제출하라고 하면 학생들이 가장 신경 쓰는 사람은 담당 선생님이다. 특정 교과와 관련된 탐구활동이라면 교과 선생님을 신경 쓴다.

"이런 주제로 탐구활동을 한다고 하면 선생님은 괜찮다고 생각하실까?"

"설문조사를 해서 이 의문을 풀어내고 싶은데 선생님은 적절하다고 하실까?"

학생들이 선생님을 의식하는 것은 아주 자연스러운 일이다. 당연히 선생님이 어떻게 생각하고, 어떤 지적을 받을지를 신경 쓰게 된다. 그리고 실제로 담당 선생님은 탐구계획서를 보고 적절한 주제인지, 적절한 조사 방법인지 등에 대한 조언을 하고 함께 탐구에 대해 고민해 준다. 그 이유는 앞에서 말한 대로 학생의 입시 경쟁력을 높이고 싶기 때문이다.

하지만 평가를 잘해 달라고 설득해야 할 대상자는 교과 선생님이 아니라 입학사정관 등 대학 관계자라는 걸 잊어서는 안 된다. 그래서 선생님들 또한 '입학사정관이나 대학교수의 관점'에서 '학문적 탐구 능력'을 기준으로 지도를 한다.

- 이 탐구활동으로 학생의 학문적 능력을 충분히 보여 줄 수 있을까?
- 지금 이 주제는 학문적으로 의의나 가치가 있는 것일까?
- 이 주제를 풀어내는 방식은 학문적 근거가 있는 것일까?

그렇다면 선생님이 지도해 주실 테니 학생은 마음대로 탐구계획

　　　　　　　　나만의 탐구 주제 잡기

서를 쓰면 되는 걸까? 대충 아무 주제나 선정하여 관련된 책을 읽고 친구들과 토론할 것이라고 써서 제출하면 되는 걸까? 어차피 선생님이 학문적 탐구 능력을 기준으로 수정해 주실 테니까 말이다.

하지만 현실은 학생의 이런 기대와는 많이 다르다. 선생님들은 여러 가지 업무로 바쁘고, 지도해야 하는 학생은 너무나 많아서 학생 한 사람 한 사람의 탐구활동 지도에 할당할 수 있는 시간이 여유롭지 않다. 어떤 학교에서는 '자율탐구활동'이라는 명칭 그대로 선생님의 지도나 조언 없이 학생이 처음부터 끝까지 탐구활동을 수행해야 한다. 일부 학교에서는 한두 명의 선생님이 프로그램 운영 담당이 되어 참여하는 모든 학생을 지도해야 하기에 다양한 교과 관련 주제에는 대응이 미흡하기도 하다.

그래서 학생 스스로 대학 관계자의 입장이 되어 자신의 탐구활동이 '학문적 능력'을 평가받을 만큼의 것인지 살펴보아야 한다. 물론 아직 고등학생이니 학문적 능력이 무엇인지 모르는 것이 당연하지만, 전쟁에서 이기려면 상대를 파악하고 전략을 짜야 하는 것처럼 대학 관계자와의 싸움에서 이기려면 그들의 평가 기준과 관점을 이해해야 한다.

앞서 말했듯이 대학교수나 입학사정관은 수험생의 학문적 능력을 평가하는 사람이다. 내신을 보는 이유도 대학에서 제대로 학문을 수행하려면 기초 지식이 필요한데, 이 기초 지식을 잘 갖추었는가를 내신으로 확인하는 것이다. 내신이 기초 지식을 얼마나 잘 갖추었는가를 평가하는 것이라면, 탐구활동을 포함한 진로활동, 각 교과의 세부능력 및 특기사항은 진학 희망 학과나 대학에 맞는 관련 지식을 갖추고 이를 활용할 능력이 있는가를 점검할 수 있는 항목이다. 따라서 탐구활동은 자신이 '○○학과에 진학하여 학문을 체계적으로 배우고 활용할 수 있는 인재'라는 점을 알리는 도구인 셈이다.

그러니 평소 생각하고 있던 탐구활동의 수준보다는 조금 더 높은 수준을 목표로 해야 하며, '학문적 수준'에 맞추어야 한다는 뜻이기도 하다. 그럼 학문적 수준이란 무엇이며, 학문이란 무엇인지, 그리고 탐구활동에서 보여 줄 수 있는 학문적 수준의 능력은 무엇인지를 알아야 한다.

  나만의 탐구 주제 잡기

무엇을 평가받는가?
과학적 탐구력!

학문은 다양하게 정의되곤 하지만 어렵게 생각할 필요는 없다. 간단하게 '어떤 분야를 체계적으로 배워서 익히는 지식 체계'라고 생각하면 된다. '지식 체계'란 말이 어렵게 들리지만 사실 '학자들이 연구한 활동을 모아 놓은 결과물'이라고 이해하면 쉽다. 그래서 학문을 말할 때는 '분야'와 '탐구 대상과 방법 등의 지식 체계'라는 2가지가 핵심이 된다. 예를 들어, '심리학이라는 학문 분야'는 '인간의 마음을 탐구 대상으로 하여 실험, 설문, 관찰 등의 조사 방법을 사용하여 얻은 체계적인 지식의 학문'이다.

현대의 학문 분야는 크게 '자연과학', '인문사회과학' 그리고 '융합과학'의 세 분야로 나뉜다. 자연과학은 물리학, 천문학, 수학, 생물학, 화학, 의학 등과 같이 우리가 흔히 '과학'이라고 알고 있는 분야다. 인문사회과학은 철학, 역사학, 종교학, 언어학 등의 '인문학'이라 부르는 분야와 정치학, 경제학, 사회학, 심리학 등의 '사회과학'을 통칭하는 분야다. 마지막으로 융합과학은 자연과학과 인문사회과학의 지식과 기술을 통합하여 새로운 가치와 해결책을 창출하는 분야로, 나노공학, 생명공학, 로보틱스, 인지과학 등의 새로운 영역을 말한다. 학생들이 진학을 희망하는 각 학과도 자연과학, 인문사회과학, 융합과학의 분야 중 하나의 학문을 연마하는 곳이라 할 수 있다.

그런데 앞의 3가지 분야의 명칭에 주목할 필요가 있다. 자연과학은 '자연'을 탐구 대상으로 하는 '과학적 지식 체계'를, 인문사회과학은 '인간, 문화, 사회'를 탐구 대상으로 하는 '과학적 지식 체계'를, 융합과학은 '자연과 인간, 문화, 사회'를 탐구 대상으로 하는 '과학적 지식 체계'를 말하지만, 잘 보면 모두 끝 단어가 '~과학'으로 끝난다. 바로 이 끝에 붙어 있는 과학이야말로 현대 학문의 중심적 개념이기 때문이다.

학문과 과학에 대해 이야기하는 이유는 학생들, 특히 '문과'라고 하는 인문사회과학 분야의 학과에 진학하려는 학생들이 과학에 대해 오해를 하고 있기 때문이다. 이런 오해는 오래전부터 사용해 왔

   나만의 탐구 주제 잡기

던 '문과'와 '이과'라는 구분으로 '과학=이과'라는 고정관념이 머릿속에 박히면서 좀처럼 고쳐지지 않았기 때문이다.

그래서인지 학생들에게 문과와 이과의 뜻을 물어보면 재미있는 대답을 하곤 한다. "문과는 글로 배우는 학과 아닌가요?"라는 학생도 있는데, "그럼 이과는 글이 아니라 그림으로 배우는 학과를 말하나요?"라고 되물으면 멋쩍게 웃는다.

문과와 이과는 한자로 표기하면 '文科'와 '理科'가 된다. 이 한자는 일제강점기에 늘어온 일본식 표현으로 뭔가의 줄임말이다. 줄이기 전의 단어는 바로 지금의 인문사회과학을 뜻하는 '人文科學'과 자연과학을 의미하는 '物理科學'이다. 가운데 두 글자씩만 남기고 줄이면 文科와 理科가 된다. 그러니까 사실 문과와 이과라는 줄임말에도 두 영역의 학문 모두 과학이라는 의미를 지니고 있었다. 여기에 융합과학이라는 분야가 현대 학문의 새로운 영역으로 늘어난 셈이다.

이렇게 현대의 모든 학문이 과학의 범주 안에 속하는 것이라면, 당연히 학문적 능력을 평가한다는 의미는 '과학적 능력'을 평가하는 것과 같다. 단지 그 탐구 대상이 인간인가, 인간이 만들어 낸 문화인가, 사회인가, 자연인가, 자연과 문화의 복합물인가라는 차이가 있을 뿐이다. 그리고 과학이 사용하는 탐구 방법인 문헌조사, 설문조사, 관찰조사, 사례조사, 실험조사 등의 조사 방법은 모든 분야, 모든 학과에 공통으로 적용된다.

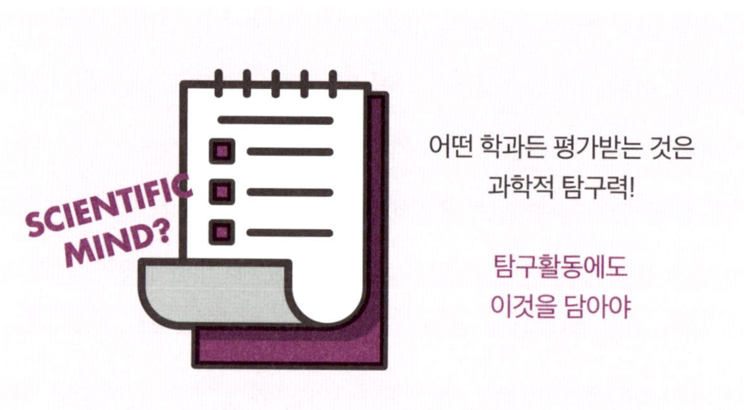

탐구활동과 탐구보고서를 통해 대학 관계자에게 보여 주어야 하는 것은 학문적 능력이며, 이 능력은 바로 과학적 탐구력을 얼마나 잘 구사할 수 있는가를 말한다.

나만의 탐구 주제 잡기

과학적 탐구력이란?
객관적 근거를
제시하는 능력!

우선 우리가 쉽게 연상할 수 있는 '과학'이나 '과학자'에 대한 이미지를 하나 떠올려 보자. 실험실의 과학자는 열심히 실험 결과를 표나 그래프로 정리하고 있다. 실험을 몇 번이나 반복해야 해서 과학자의 얼굴에는 피곤함이 역력하다. 만족스러운 데이터가 나오지 않고 실험이 실패했을 때는 처음부터 다시 실험을 해야 한다. 그런데 이 과학자는 왜 반복해서 실험을 하는 걸까? 그리고 왜 데이터를 확보하는 데 혈안이 되어 있는 걸까?

　과학자는 인간, 사회, 자연에 의문이 생겼을 때, 이 의문을 풀어내려 한다. 그는 의문을 풀어 '진리'를 찾아내려 하는데, 바로 이 진리 추구가 학문의 목적이고, 이는 과학의 목적이기도 하다. 대학의 역할은 여전히 '진리 탐구를 핵심 사명으로 하는 기관'이어서 지금도 많은 대학이 '진리 추구'를 학교의 비전으로 삼고 있다. 그러니 과학적 탐구력도 진리를 추구할 수 있는 능력이라고 할 수 있다.

진리의 가장 중요한 요소는 바로 객관적 근거다. 객관적 근거가 없다면 아무리 그럴듯하게 보이는 사실도 진리라고는 할 수 없다. 대학에서 추구하는 진리 탐구의 수준보다는 낮을 순 있겠지만, 고등학교에서 하는 탐구활동도 진리 탐구라는 점에서는 마찬가지다. 그러니 탐구활동과 탐구보고서도 '객관적 근거'를 제시할 수 있는 능력이 필요하다. 그럼 객관적 근거는 어떤 것을 말하는 걸까?

객관적 근거는 쉽게 말해서 '개인의 주관적 생각과 감정을 배제하고 어떤 사실을 공정하게 바라보며, 구체적인 데이터와 비교 기준, 판단 근거를 제시하여 모든 사람이 동의할 수 있어야 함'을 의미한다. "AI의 발전은 사회 윤리적 문제와는 관련이 없다."라는 사실을 판단할 때 거의 모든 사람이 이에 동의하고, 이 동의가 공정성과 타당성을 지닌 구체적인 데이터를 기반으로, 다시 말해 객관적 근거가 있다면 진리라고 할 수 있다.

어떤 학생이 탐구활동을 했을 때, ①그 학생은 누가 보아도 틀림없는 **공정하고 적절한 방법으로 조사**를 하였고, ②조사 결과가 **구체적**

     나만의 탐구 주제 잡기

인 정보와 데이터로 제시되었고, ③탐구활동의 내용을 듣는 **거의 모든 사람이 받아들일 수 있다**면, 학생의 탐구활동은 객관적 근거를 지닌 진리를 추구하는 활동이라고 판단할 수 있다.

①의 공정하고 적절한 방법이 무엇인지는 아주 단순하게 고무줄로 만든 자와 쇠로 만든 자를 사용해서 사물의 길이를 재는 경우를 생각해 보면 된다. 정확하게 길이를 재고 싶을 때, 그리고 여러 번 반복해서 길이를 재고 싶을 때, 여러분이라면 고무줄자와 쇠자 중 어떤 것을 사용하겠는가? 당연히 쇠자를 선택한다. 고무줄자는 길이를 잴 때마다 늘어났다 줄어들었다 할 것이라 정확한 길이를 측

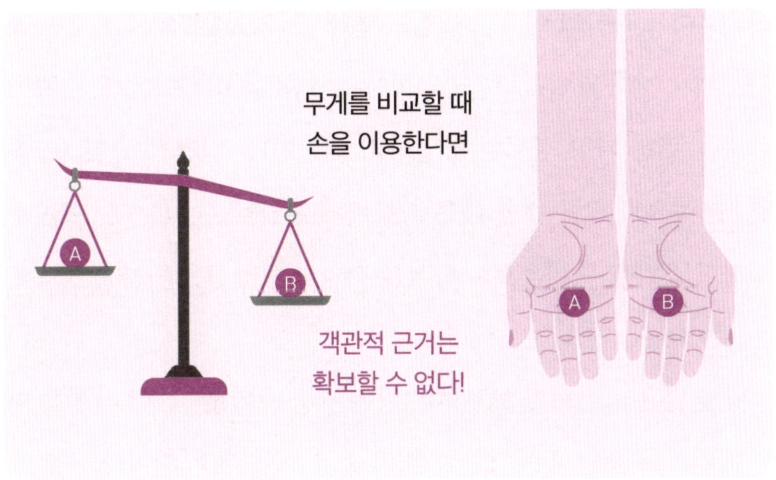

정할 수 없기 때문이다. 이처럼 알아보고 싶은 것을 확인할 때는 이에 맞는 방법을 사용해야 한다.

조금 어려운 말로 이를 '방법(측정 도구)의 타당성'이라고 하는데, 목적에 맞는 도구를 사용하고 있는가를 말한다. 그러니 주제를 풀어내기 위해서 실험조사가 적절한지 또는 설문조사가 적절한 방법인지를 결정하고, 설문조사가 적절하다면 어떤 문항을 어떤 방식으로 물어보는 것이 적절한 방법인가를 다시 고민해야 한다. 왜냐고? 공정하고 적절한 방법, 즉 타당한 방법을 사용하는 것이 과학적 탐구력의 기초이기 때문이다.

그럼 ②에서 말하는 구체적인 정보와 데이터는 무엇을 의미할까? 흔히들 과학적 연구는 실험을 통해 표나 그래프와 같은 숫자를 사용해서 결과를 발표하는 것이라는 이미지를 떠올리는데, 숫자가 설득을 위한 가장 적절한 방법이기 때문이다. 인간은 몸짓, 표정, 말, 글 등으로 많은 것을 다른 사람에게 전달할 수 있는데, 그중 무엇보다도 가장 구체적으로 사실을 전달하는 방법은 숫자를 사용하는 것이다.

방금 많은 고양이가 떼로 지나가는 것을 보았을 때, 이 사실을 다른 사람에게 전달하는 경우를 예로 들어 보자. 우선 말이나 글로 표

 　　　　　　　　나만의 탐구 주제 잡기

현한다면 "방금 엄청나게 많은 고양이가 지나갔어. 너무너무 많았다니까. 그렇게 수많은 고양이가 있는 건 처음 봤어. 몇 마리인지 세기도 어려울 만큼이었어."처럼 될 것이다. 여기에 손으로 큰 원을 그리는 몸짓을 하고, 눈을 최대한 크게 뜨고 조금 높은 톤으로 말하면 더 실감 나게 전달될 것이다. 하지만 문제는 이렇게 하더라도 듣는 사람이 "그러니까 도대체 몇 마리였는데?"라고 물어보면 할 말이 없다. 하지만 같은 고양이 떼를 보고 누군가는 몇 마리인지 세어 보고는 "응, 고양이는 모두 45마리였어."라고 말한다.

'고양이가 많이 있다.'라는 언어적 표현은 듣는 사람, 다시 말해 사실을 전달받은 사람에 따라 다른 이미지를 떠올리게 만든다. 고양이를 자주 보지 못한 사람은 '흠, 10마리쯤이겠군.'이라고 생각하고, 고양이를 많이 보아 왔던 사람은 '아, 100마리 가까이 되나 보네.'라고 생각한다. 다시 말해 정확한 사실(팩트)은 45마리라도 듣는 사람에 따라 10~100마리의 고양이를 떠올리기 때문에 제대로 된 전달이라고 할 수 없다. 이것이 바로 연구자가 자신이 발견한 조사 결과를 숫자로 표현하여 전달하려는 이유다. 숫자로 표현하면 0.1g과 0.09g, 0.089g은 다른 사실을 이야기하고 있지만, 언어로는 그저 '진짜 아주 가벼워.'라고 표현되니 구체적인 사실을 전달하는 데 한계가 있다.

물론 모든 학문적 조사 결과가 숫자로만 표현될 수 없다. 특히 인문사회과학의 조사 결과는 숫자가 아닌 언어로만, 또는 이미지를 활용하여 표현할 수밖에 없기도 하다. 하지만 현대 학문의 흐름은 가능한 구체적인 조사 결과의 사실을 표현 및 전달하려고 노력하는 방향으로 바뀌고 있다. 국어국문학이나 미술, 음악, 디자인 등의 예술 관련 학과에서도 최근에는 숫자로 표현되는 통계적 결과를 제시하는 석·박사학위논문도 늘어나고 있다. 그러니 탐구활동을 준비하는 학생이라면 가능하면 자신의 탐구 결과를 숫자로 표현할 수 있도록 고민해 보아야 한다.

정리해 보면 탐구활동에 요구되는 과학적 탐구력은 진리 추구의

<table>
<tr><td>탐구활동을 이해하면</td><td>이렇게 할 수 있다</td></tr>
<tr><td>탐구활동은 입시 경쟁력 강화가 목적!</td><td>입시 경쟁자보다 우위를 지니는 수준으로</td></tr>
<tr><td>교수와 입학사정관 설득의 도구!</td><td>초보지만 학문 수준 평가를 염두에 두고</td></tr>
<tr><td>과학적 탐구력을 평가받는 활동!</td><td>과학적 탐구 능력을 최대한 보여 줄 수 있게</td></tr>
<tr><td>객관적 근거를 제시하는 능력이 핵심!</td><td>데이터를 확보하는 조사 중심의 탐구활동</td></tr>
</table>

나만의 탐구 주제 잡기

능력을 말하고, 진리 추구의 능력은 학생이 얼마나 객관적 근거를 잘 만들어서 제시할 수 있는가를 말한다. 그러므로 탐구활동을 하려는 학생이라면 의문을 풀어내는 적절한 조사 방법을 고민하고, 조사 결과를 모두가 판단하기 쉬운 데이터로 제시하여 누가 보아도 타당한 탐구활동이라고 사람들을 설득할 수 있어야 한다.

자, 이제 탐구 주제를 생각하기 전에 다음과 같이 탐구활동에서 고려해야 할 내용을 머릿속에 확실히 담아 두도록 하자.

3

모든 것은 의문에서 시작된다

　　　　　　탐구활동과 탐구보고서에 대해 이해했다면 이제 본격적으로 주제를 어떻게 잡는지에 대해서 알아보도록 하자. 우선 '습도와 학습 태도 관계 조사'의 사례에서 보았던 것처럼 주제 잡기에 가장 중요한 것은 의문이다. 그리고 그 의문은 작고 구체적일수록 좋다. 반대로 말하자면 너무 크고 애매한 주제는 좋지 않은 주제라는 뜻이다.

하지만 주제 잡기에 문제가 되는 것은 주제가 크냐 작냐가 아니라, 학생들이 탐구활동을 위한 의문 자체를 가지지 않은 상태에서 무작정 주제를 잡으려 한다는 점이다. 주제는 의문을 학문적 형식으로 다듬은 결과물에 지나지 않는다. 그러니 의문이 없으면 주제도 존재할 수 없다.

게다가 의문이 탐구활동에 얼마나 적절하고 경쟁력을 지녔는가에 따라서 주제, 조사 방법, 조사 결과를 포함한 탐구활동과 탐구보고서의 평가가 결정된다. 그러니 의문 갖기야말로 탐구활동 전체에서 가장 중요한 과정이라 할 수 있다.

키워드를 찾지 말고
자신의 호기심에서
의문을

탐구활동의 주제를 제출하라고 하면 학생들은 어떤 방식으로 주제를 잡을까? 대다수 학생은 우선 키워드로 주제를 생각한다. 'AI', '정의', '마케팅 전략' 또는 '수소연료전지'와 같은 키워드다.

"전 정의와 관련해 탐구하려 해요. '정의를 어떻게 실현할 수 있는가?'라는 주제로요."

"전 죽음에 대해서요. 인간은 왜 죽음을 두려워하는지를 주제로 해서요."

인문사회과학 분야의 학과에 지원하려는 학생들에게 왜 이런 주제를 생각하게 되었냐고 물어보면 우선 '정의'와 '죽음'이라는 키워드를 먼저 떠올리고 나서, 그것과 관련해 어떤 주제를 할까 고민했다고 한다. 관심 영역을 표현하는 키워드가 주제가 되는 셈이다.

자연과학 분야의 학과에 지원하려는 학생들은 이런 의문보다는 구체적인 의문을 품고 실험을 하는 주제를 가져올 것처럼 기대되지만 실상은 그렇지 않다.

"수소연료전지에 관심이 있는데, 수소연료전지가 산업에 미치는 영향을 생각해 봤어요."

평소 에너지나 수소 관련 연구 및 과학적 성과에 관심이 있었냐고 물어보니 그건 아니라고 한다. 예전에 수소연료전지 관련 기사를 본 적이 있는데, 선생님이 주제를 제출하라고 해서 이걸 주제로 하면 어떨까 생각했을 뿐이라고 한다. 수소연료전지에 대해 아무것도 모르는데 어떻게 사회나 산업에 대한 영향까지 분석해서 쓸 거냐고 물으니 "지금부터 열심히 검색하고 공부하면 되지 않을까요?"라며 멋쩍게 웃는다.

이런 키워드를 가져오는 학생들은 평소에 관심을 갖고 있는 이슈와 그에 대한 정보와 지식을 가지고 있기보다는, 갑작스럽게 주제를 잡기 위해 이것저것 생각하고 알아보는 과정에 눈에 들어오는 단어를 선택하는 경우가 대부분이다. 그러다 보니 평소 자신의 호기심이나 궁금증과 연결성을 지니고 있지 않다. 과연 이런 주제로 탐구활동을 하는 것이 '고등학생이 자기 스스로 질문하고 풀어내는 과학적 탐구력'을 평가하는 경쟁력에 도움이 되는 걸까?

대학 관계자는 탐구활동을 통해 그 학생이 어떤 관점에서 의문을 주제로 삼았으며, 어떻게 그 의문을 풀어냈고, 어떤 결과를 얻었으며, 그래서 그 활동은 어떤 의의와 가치가 있는지를 평가한다. 그래서 그 출발점이 되는 '의문 갖기'는 학생의 특성을 가장 확실히 보여 줄 수 있도록 자신의 경험이나 호기심에서 출발하는 것이 바람직하다.

"난 공부하거나 운동할 때 항상 이어폰으로 음악을 듣는데, 과연 어떤 스타일의 음악을 듣는 게 집중력에 가장 도움이 될까?"
"난 발에 땀이 많이 나서 발을 자주 씻고, 또 발에 세균이 많을까 걱정이다. 그런데 평소 사용할 수 있는 소독제는 모두 손소독제다. 손에 있는 세균과 발에 있는 세균의 종류가 분명 다르니, 그럼 발소독제가 있어야 하는 것 아닌가? 발 세균에 더 효과가 있는 천연물질 소독제의 원료는 무엇일까?"

이렇게 경험이나 호기심에서 의문이 시작되면 나중에 대학 입시 면접에서 "왜 이 주제를 선택했습니까?"라는 질문이 나와도 잘 대답할 수 있다. 키워드로만 '음악의 심리적 효과'를 연구한 학생이라면 자신의 경험보다는 "음악은 사람에게 많은 영향을 미치는데, 어떤 영향이 있는지 알아보고 싶었습니다."라고 틀에 박힌 대답을 하는데, 이러면 좋은 평가를 받기 어렵다.

특히 대학 입시 평가자인 대학교수나 입학사정관은 인간은 호기심으로 탐구를 시작했을 때, 더 열심히 그리고 더 고민하면서 탐구에 임한다는 사실을 잘 알고 있는 사람들이다. 탐구에 임하는 자세, 탐구를 통해 고민과 의문을 해결하고자 하는 열의를 전달하는 데는 개인적 경험이나 호기심을 이야기하면서 상대방을 설득하는 것이 가장 좋다. 그러니 인터넷이나 책에서 키워드를 찾아내서 의문이나 주제를 만들지는 말자. 그건 다른 사람의 의문이고, 다른 사람의 호기심일 가능성이 크다.

주제 제출은 당장 내일인데, 아무리 생각해도 그렇게까지 알고 싶은 호기심이나 의문이 없어서 급한 마음에 인터넷으로 '생명과학 고등학교 탐구 주제'라고 검색해 보면 어떤 사이트에서는 '50가지 탐구 주제'라고 알려 주기도 하고, 친절하게 '실험 및 관찰 주제: 효소 실험, 삼투 현상 실험, 효모 발효 실험, 혈액 응고 실험', '환경 및 생태 관련 주제: 생물 다양성, 환경오염 영향, 식물 성장 관찰', '기술 및 윤리적 문제: 유전자 편집 기술, 바이오메디컬 공학'이라고 분야를 나누어서 설명해 준다. 심지어 유튜브에서 '생명과학 고등학교 탐구 주제'라고 검색하면 많은 영상이 나온다. 참 고마운 일이다. 그런데 이 정보를 나 혼자만 검색하고 있을 것 같지만 많은 학생들이 같은 내용을 보고 있다. 게다가 검색해서 나오는 주제라면 이미 많은 학생이 다루었던 주제일 것이다.

대학 입시에서 지원한 학생들의 학교생활기록부를 평가하는 입학사정관은 매년 수백 명의 학교생활기록부를 볼 것이고, 수백 개의 탐구활동 주제를 읽을 것이다. 만일 인터넷에서 검색한 키워드로 잡은 탐구활동 주제라면 평가자는 '아, 또 이 주제로군. 이거 인터넷에 나온 내용을 베껴서 뚝딱 해낼 수 있는 주제인가 보네. 이 학생의 탐구력이 상당히 의심스럽군.'이라고 생각할 것이다. 학생들은 이런 점을 고려하지 않고, '다른 아이들도 다 하니까 나도 그냥 탐구활동을 해 볼까?'라고 생각한다.

자신만의 의문은 탐구활동과 탐구보고서에 독창성을 부여할 뿐만 아니라, 의문을 풀어내는 방법도 학생 스스로 고민하고 설계한 것이니 이런 점도 높은 평가를 받을 수 있다. 이런 것이 입시 경쟁력을 높이는 길이다. 빠르고 쉬운 길로 가고 싶은 유혹은 항상 있다. 하지만 힘든 길을 가니까 높은 평가가 주어지는 것이다.

무조건 검색부터 시작하는 습관에서 잠시 벗어나자. 일단 혼자서 또는 함께 탐구활동을 하게 될 친구들과 머리를 맞대고 평소 갖고 있던 호기심과 의문을 꾸밈없이 나누는 것으로 시작한다. 의문을 찾으려 검색하지 말고, 의문이 생기면 검색해 보자.

그래서 의문 갖기에서는 검색이 아니라 호기심이 가장 중요한 요소라 할 수 있다. 호기심은 모든 학문의 기초이며, 인간이 지금까지 발전해 올 수 있었던 원동력이기도 하다. '이상한데…', '이렇게 하면 어떨까', '저렇게 해 보면 좋을 것 같은데', '왜 그런 거지?'와 같은 호기심으로 과학이, 사회가, 그리고 인류가 문제를 해결하면서 지금의 세상이 되었다.

호기심은 세상에 대해 궁금해하는 마음이다. 어렸을 때를 생각해 보면 새는 어떻게 하늘을 나는지, 나뭇잎은 왜 가을이 되면 떨어지는지, 똥은 왜 냄새가 나는지, 하늘은 왜 파란지, 물고기는 밖으로 나오면 왜 죽는지 등 궁금증과 호기심으로 가득 찬 시간이었다. 우리가 학교에서 배우는 것은 이런 호기심을 풀어내기 위한 기초

　　　　　나만의 탐구 주제 잡기

적인 지식이다. 그런데 문제는 여기에서 발생한다.

호기심이 생기고 궁금하면 우리는 그 문제의 답을 찾기 위해 열심히 노력하면서 세상을 배워 갔는데, 어느 순간부터 문제는 학교와 선생님, 문제집이 제시하고 우리는 그저 답을 찾는 노력을 하게 되었다. 그러다 보니 점차 호기심과 궁금증의 능력이 퇴보되었고, 결과적으로 스스로는 독창적인 지식을 만들어 내지 못하는 사람이 되었다.

여러분이 생각하는 탐구활동 주제는 반드시 자신만의 호기심에서 비롯된 의문에서 시작해야 한다. 그래야 대학 입시에서 '지식을 만들어 낼 수 있는 역량'을 지닌 사람으로 평가받고 좋은 결과를 이루어 낼 수 있다. 지금 당장 떠오르는 호기심과 의문이 없다면 다시 주변을 돌아보고 차분히 생각해 보자.

호기심과 의문은 가능하면 자신의 경험을 바탕으로 하는 것이 좋다. 어렸을 때를 떠올려 보자. 개미집이 어떻게 생겼는지 호기심이 생긴 이유는 개미가 굴에 들어가는 모습을 보고 이 좁은 굴에 도대체 얼마나 많은 개미가 어떤 모습을 하고 살고 있는지 궁금했기 때문이다. 천둥소리가 들리고 번개가 번쩍이며 내리치는 모습을 보고 번개는 어떻게 생기는지 궁금했고, 알에서 깨어나는 병아리를 보면서 병아리는 어떻게 알에서 나올 수 있는지 궁금했다. 또 그림을 잘 그리는 친구를 보면서 어떻게 하면 그림을 잘 그릴 수 있는지 호기심이 생기고 의문을 가지게 되었다.

내가 경험한 것에 대한 호기심과 의문을 주제로 삼아야 탐구력과 창의력에서 높은 평가를 받을 수 있다. "나는 환경보호에 관심이 많은데, 환경보호를 위해서 어떤 활동이 필요한가?"라는 의문보다는 "환경보호에 관심이 많아서 생수 페트병을 버릴 때마다 라벨이 신경이 쓰인다. 그런데 어떤 생수 페트병은 라벨 없이 페트병에 제품명이 새겨져 있다. 이런 생수 페트병이 환경보호에 더 도움

　　　　　　나만의 탐구 주제 잡기

이 될 것 같은데, 이렇게 라벨이 없으면 소비자가 제품을 인지하는 데 어려움이 있을 것이라고 생각해서 여전히 많은 음료 회사가 라벨을 고집하는 걸까? 어떻게 하면 라벨이 없어도 소비자가 쉽게 선택하는 생수 페트병을 디자인할 수 있을까?"라는 의문에서 탐구 활동을 시작하는 것이 좋다.

주변 모든 것에
어떤 의문이든
던져 보자

호기심과 의문 갖기가 중요하다는 걸 알았다면, 다음에 해야 할 일은 머릿속에 떠오르는 아무 의문이든 일단 표현해 보는 것이다. 글로 써 봐도 좋고, 친구에게 이야기해도 좋다. 중요한 것은 그냥 생각만 하지 말고 내던져 봐야 한다는 점이다. 생각만 하게 되면 "에이, 이런 건 시시하고 하찮은 의문이잖아!"라는 마음에 금방 머릿속에서 지워 버리게 된다. 이 의문이 주제로 적절한가를 판단하지 말고, 일단 아무 의문이나 떠올려 보자.

그런데 학생들에게 "아무 의문이라도 떠올려 보세요."라고 해도 대개는 고개를 갸웃거릴 뿐 좀처럼 진도가 나가질 않는다. 의문이 떠오르지 않는 이유는 모든 것에 익숙해졌기 때문이다.

책상에 앉아 있다고 가정해 보자. 책상 위에 무엇이 있는가? 스

 나만의 탐구 주제 잡기

탠드가 있다. 스탠드의 불빛은 어떤 색인가? 하얀색이다. 그게 무슨 문제인지? 혹시 스탠드 불빛이 파란색이나 노란색이라면 어떨까 생각해 본 적이 있는가? 없다. 왜 없을까? 스탠드의 불빛은 항상 하얀색이었으니까.

항상 주변에서 보고, 만지고, 접하는 것에 대해 우리는 궁금해하지 않는다. 하얀색의 스탠드 불빛, 나무 색깔의 책상, 하얀색 벽, 책에 쓰인 검은색의 글자, 등받이가 빨간 의자 등 주변에 존재하는 것들은 바라본다고 한들 그다지 궁금하지도 않고 호기심도 생기지 않는다. 그러면 다시 그것들을 바라보자.

왜 내 방 책상은 나무 색깔일까? 연두색이나 주황색이면 어떨까? 학교의 책상은 연두색인데, 혹시 연두색과 나무색일 때 차이가 있는 걸까? 책상의 색깔에 따라서 집중력이 달라지는 걸까? 아니면 책상 색깔에 영향을 받아서 창의력 같은 것도 차이가 날까?

이처럼 지금 내가 앉아 있는 주변의 여러 가지 '색깔'만으로도 충분히 많은 의문을 가질 수 있다. 그리고 그 의문을 통해 왜 그런 색이어야 하는지에 대한 이유를 혼자 추리해 보거나 인터넷 검색을 통해서 의문을 풀어낼 수도 있다. 중요한 건 주변의 색깔에 익숙해져 있다 보니 의문을 떠올리지 못한다는 점이다.

그러니 당장 주변과 일상에서 마구마구 의문을 떠올리고 던져 보자. 물론 교과 시간에 배운 내용, 어렸을 때 읽었던 동화책 속 스토리, 인터넷 기사나 SNS에서 눈에 들어왔던 이야기, 기억에 남는 부모님과의 대화, 친구들과 나눈 농담 등 그 어떤 것이든 상관없다.

화학 시간에 촉매반응 실험을 하는데 촉매로 사용하는 물질의 가격이 비싸서 조별로 실험을 하기 힘들어 선생님이 대표로 앞에서 실험을 하고 30명의 학생은 바라만 보았던 경험이 있다면, "만일 비슷한 반응 효과를 일으킬 수 있는 다른 촉매 물질이 있다면, 그리고 그 가격이 지금 사용하는 물질보다 더 저렴하다면 조별로 실험을 할 수 있을 텐데…. 이런 물질을 찾아보면 어떨까?"라는 의문도 아주 훌륭하다.

신데렐라는 무도회에서 왕자와 춤을 추다 12시를 알리는 종이 울리자 급히 집으로 돌아가려고 서두르다가 유리구두 한 짝을 잃어버리고 만다. 그런데 이상하지 않나? "유리구두 한 짝만 신고 달리면 정말 힘들 텐데, 왜 두 짝을 손에 들고 뛰지 않았을까? 왜 유리구두이며, 한 짝만 놓고 가는 이유는 무엇일까?"가 궁금하면 이를 의문으로 삼아도 좋다.

 나만의 탐구 주제 잡기

"아니 여름이 다 끝나 가는데 아직도 모기가 기승을 부리네."라는 엄마의 말을 듣고 모기 퇴치 스프레이를 쓰면 되지 않느냐고 이야기하니 살충제 스프레이 냄새도 싫고, 화학약품이라서 되도록 사용하고 싶지 않다고 하신다. "그럼 쉽게 구할 수 있는 과일이나 채소를 활용해서 모기를 쫓거나 없앨 수 있는 스프레이를 만들 순 없을까?"라는 의문을 떠올렸던 학생도 있었다.

들고, 보고, 먹고, 만지고, 생각하고, 이야기했던 모든 것은 의문의 재료가 된다. 의문을 너무 멀리서 찾지 말고 가까이서 찾아보자. 그리고 거창한 의문이 아닌, 생활 속의 궁금증을 풀어낼 수 있는 작은 의문으로 시작한다면 쉽게 주제로 발전시킬 수 있을 것이다.

모든 의문이
탐구에 적절한 것은
아니다

주변과 일상에서 의문을 떠올리고 던져 보자 하니 학생들은 뭔가를 깨달은 듯 속사포처럼 이것저것 말하기 시작한다.

"창문 밖의 식물은 왜 녹색일까요? 다른 색이 될 수도 있는데."

"태양은 어떻게 저렇게 밝게 빛나는 걸까요?"

"선생님이 어떤 분이냐에 따라 공부하고 싶기도 하고 아니기도 한데, 이유가 뭘까요?"

"지금 더워서 차가운 물이 마시고 싶은데, 물이 어는 이유나 원리 같은 게 궁금해요"

"학교 운동장의 축구 골대가 녹이 많이 슬었어요. 철은 왜 녹이 스는지 궁금해요."

“며칠 전에 코피가 났는데, 우리 몸의 피는 왜 빨간색인지 알고 싶어요.”

“여름방학에 비행기를 탔는데, 비행기는 어떻게 하늘을 날 수 있는지 궁금했어요.”

“점심에 먹은 햄이 어떻게 소화가 되는지 궁금해요.”

“코로나 바이러스로 후각을 상실한 적이 있는데, 그 원인과 과정을 알아보고 싶어요.”

“마늘의 성분을 분석해서 어떤 성분이 어떤 균을 죽이는 효과가 있는지 알고 싶어요.”

“저는 애니메이션을 좋아하는데, 애니메이션의 역사와 기능을 탐구하고 싶어요.”

“환경문제를 해결하는 방법에 대해서 자세하게 알고 싶어요.”

“상대성이론을 적용해서 시간을 보정하면 GPS에 어떤 영향을 미칠까요?”

이렇게 학생들이 많은 의문을 쏟아내는 것은 좋은 일이다. 스스로 궁금한 것이 떠올랐고, 궁금증을 풀어 보고 싶은 마음이 들었다는 뜻이니까. 하지만 잠깐! 이 모든 의문이 다 ‘습도와 고등학생 학습 태도의 관계 조사’처럼 탐구 주제로 발전할 수 있는 걸까?

쏟아내는 모든 의문이 '검색'과 '다듬기'라는 과정을 거쳐 탐구 주제가 되면 좋겠지만 현실은 그렇지 않다. 탐구 주제가 되기에 적절한 의문과 그렇지 않은 의문이 분명히 존재하기 때문이다. 적절하지 않은 의문이라면 쓸데없이 시간과 노력을 낭비하지 않고 빨리 포기하거나 바꿔야 한다. 그럼 적절하지 않은 의문이란 어떤 것일까?

답이 명확히 밝혀진 의문

"식물은 왜 녹색일까?"라는 의문을 보자. 얼핏 보면 꽤 괜찮은 탐구 주제가 되는 의문일 듯하지만 이건 이미 답이 명확한 의문이다. '식물이 녹색인 이유'를 인터넷에서 검색하면 '식물이 초록색으로 보이는 이유는 잎 속의 엽록소(葉綠素)라는 색소가 햇빛 중 초록색 빛을 흡수하지 않고 반사하기 때문이다.'라고 친절하게 알려 준다. 물론 생성형 AI는 더 자세히 말해 준다.

"태양은 왜 밝게 빛날까?"는 어떤가. '태양이 빛나는 이유'를 검색해 보면 '중심부의 핵융합 반응 때문이다.'라면서 자세한 이유가 검색 결과에 제시된다. '피가 붉은 이유'도 마찬가지로 '적혈구에 포함된 헤모글로빈이라는 단백질의 색깔 때문에 붉게 보인다. 헤

  나만의 탐구 주제 잡기

모글로빈은 철분을 함유하고 있으며, 이 철분이 산소와 결합하면서 붉은색을 띠게 된다.'라고 친절히 설명해 준다.

답이 너무나 명확한 의문이라고 해서 탐구 가치가 전혀 없는 것은 아니다. 하지만 대학 입시에서는 아주 낮은 평가를 받거나, 아예 평가의 대상이 되지 않을 수도 있다. 간혹 이런 의문으로 주제를 정했다고 하는 학생들을 만나게 되는데, 고민해서 의문을 떠올리고 그 의문을 다듬어서 주제로 발전시키려는 노력을 하기 싫어하는 학생이 대부분이다. 이런 학생들은 그냥 적당한 의문 하나로 주제를 만들어 빨리 검색하고 적당한 내용을 인용해 담아서 2~3쪽의 탐구보고서를 써서 끝내려 한다.

의문이 떠올랐을 때 검색해 보니 답이 명확하게 나온다면 의문을 풀었다는 것에 만족하고, 그 의문을 구체화하고 다듬는 과정으로 발전시키지는 말자. 물론 이런 의문을 주제로 삼지도 말아야 한다.

고등학생 수준에 맞지 않는 의문

'물이 어는 이유'나 '철이 녹스는 이유'는 사실 초등학교나 중학교에서 배우는 내용이다. 물은 낮은 온도에서 물 분자의 운동에너지가 감소하여 분자들이 수소 결합을 통해 규칙적인 결정 구조를 형성하기 때문에 어는 것인데, 꼭 이렇게 정확히 배운 내용을 기억하지 않아도 분자가 서로 얽히면서 결정 구조가 생겨서 물이 언다는 내용은 모두가 배운다. 철이 녹스는 이유는 철 주위에 수분이 있을 때 철과 산소가 결합하여 산화철이라는 새로운 물질이 형성되기 때문이지만, 대략 수분과 산소가 있으면 산화되기 때문이라고 학교에서 배운다.

학생들이 주제라고 가져오는 의문 중에는 초등학교나 중학교에서 배운 것이거나, 학교에서는 배우지 않았지만 쉽게 책에서 접할 수 있었던 의문이 생각보다 많다. 초등학생 시절 읽어 보았을 학습만화 책인 『Why? 시리즈』만 봐도 알 수 있는 의문을 이야기하는 학생들도 있다.

이런 의문이 그대로 주제가 되면 대학 입학사정관은 '왜 고등학생이 이런 걸 몰라서 탐구활동까지 했을까?' 하고 학생 수준을 의심하게 되니 학교생활기록부에 탐구활동을 기재하지 않는 편이 나을 수도 있다. 자신의 의문을 친구들에게도 들려주고 이 의문이 혹시 초등학교나 중학교 때, 또는 학습만화에서 다루었던 내용인지를 물어보고 확인해 보자.

　　　　　　나만의 탐구 주제 잡기

의문의 수준이 초등학생의 의문처럼 너무 낮은 것도 문제지만, 너무 높아도 탐구 주제로 발전하기 어렵다. 코로나19에 걸려서 후각에 문제를 경험했던 학생은 코로나19 바이러스가 후각을 상실하게 하는 원인과 과정이 궁금하다. 정말 멋진 의문이라서 이걸로 탐구활동을 하면 대학 입학사정관도 학교생활기록부를 보고 깜짝 놀랄 듯하다. 그런데 잠깐만 생각해 보자. 과연 고등학생이 이 주제로 탐구하는 것이 가능할까?

인터넷에 '코로나 후각 상실 이유'로 검색해 보면 '코로나19 감염으로 인한 후각 상실은 주로 바이러스에 대한 염증 반응으로 인해 후각 신경세포가 손상되고, 축삭돌기(신경섬유)의 감소를 유발하기 때문'이라고 설명이 나온다. 전문가들의 연구에서 이미 밝혀진 내용이기도 하지만 정말 그런지를 확인하기 위해서 학생들이 팀을 이루어 실험해 볼 수는 있을 것이다. 하지만 이런 실험은 적절한 실험 환경과 실험 대상을 갖춘 연구기관의 실험실에서나 가능하다. 의문의 수준이 고등학생이 풀어내기에는 너무 높다.

"마늘 성분을 분석해서 어떤 성분이 어떤 균에 항균력이 있는지 알고 싶어요."라는 의문도 마찬가지다. 이 실험을 하기 위해서는 우선 식물의 성분을 분석할 수 있는 적절한 실험 도구를 갖춰야 한다. 그리고 마늘에서 추출한 여러 성분 중 특정 성분이 특정 균에 항균 효과를 발휘하는지를 실험하기 위해서는 병원성균을 포함한 다양한 균도 확보하고 있어야 한다. 게다가 이 실험은 성분과 균의 조합을 모두 다루어야 하니 상당히 장기간의 실험이 될 가능성이 있다. 이런 의문을 고등학교 수준에서 다루기는 어렵다.

이처럼 의문의 수준이 너무 낮은 경우는 두 번 고민할 필요 없이 빨리 버리는 것이 좋고, 의문의 수준이 조금 높다고 생각되는 경우는 실험이나 설문 등 조사 방법이 현실적으로 가능한지를 검토해 보고 의문을 다듬어 주제로 발전시킬지를 결정해야 한다. 물론 이러한 상황에서는 혼자 고민하지 말고 선생님에게 조언을 구하자. 특히 자연과학 분야의 실험이 필요한 의문이라면 학교에 관련 실험 도구가 있는지를 교과 선생님과 확인해 봐야 한다.

고등학생과는 관련이 없는 의문

탐구활동 프로그램에 참여한 한 1학년 학생이 정말 놀라운 의문을 말한다.

"저는 조직문화가 기업의 경영 성과나 창의성에 미치는 영향이

　　　　　나만의 탐구 주제 잡기

궁금해요."

경영학과에 지원하려는 이 학생의 의문은 그냥 주제로 바꾸어도 좋을 듯하다. 곧바로 '조직문화가 기업의 경영 성과 및 창의성에 미치는 영향'이라는 제목으로 탐구활동을 시작해도 무리가 없는 주제다.

그런데 과연 이 의문이 고등학생이 가질 만한 의문이라고 생각할 수 있을까? 이 학생의 의문은 마치 경영학을 전공한 석·박사논문을 쓰기 위한 연구처럼 느껴질 뿐만 아니라, 논문을 검색해 보니 똑같은 제목의 논문이 이미 있었다.

이런 주제는 경영대학원 등에서 자주 다루기는 하지만, 대학원생에게도 그다지 쉬운 주제는 아니다. 조직문화와 관련된 연구는 적어도 기업에 근무하는 회사원 200명 정도를 대상으로 설문조사를 해야 하기 때문이다. 게다가 조직문화를 경영 성과 및 창의성과 연결시켜 수량화시키는 작업은 많은 전문적 방법과 노력이 필요하다. 전문적 지식과 연구 방법을 모르는 고등학생이 도전할 만한 주제가 아니다.

그러니 이런 의문과 주제는 고등학교 1학년 학생이 생각하기 어렵기도 하고, 이런 탐구활동 주제를 본 대학교수나 입학사정관은 아마도 이렇게 생각할 것이다.

"아, 이 학생은 부모님이나 형제자매, 아니면 사교육의 도움을 받아 주제를 잡았거나, 논문을 검색하고 그대로 주제를 가져왔나 보군. 본인 스스로 탐구활동을 했다기보다는 누가 써 줬거나 기존 논문을 그대로 베껴 왔을 가능성이 커."

이런 평가를 받게 되면 학교생활기록부에 탐구활동을 기재한 것은 오히려 입시 경쟁력을 감소시키는 셈이 된다. 지원하려는 학과와 관련된 의문을 떠올리려고 하거나, 인터넷에서 진학 희망 학과의 관련 논문 중심으로 의문이나 주제를 검색하다 보면 고등학생인 자신과는 동떨어진 의문을 만나게 된다. 그런데 학생은 "와, 멋진 의문이고 주제인데! 이런 주제는 다른 아이들은 절대로 하지 않을 테니까 독창성도 있고 경쟁 우위를 지닐 수 있을 거야. 논문을 읽고 그대로 따라 하면 되니까 문제는 없을 거고."라고 쉽게 생각한다. 또는 "해당 학과의 석·박사들이 연구하는 수준의 멋진 주제이니 교수님들도 입시에서 좋은 평가를 해 줄 거야."라고 기대한다. 하지만 대학 관계자는 학교생활기록부에 적힌 탐구활동을 보고 그 학생의 탐구력이나 의문을 풀어내는 능력을 보고 싶은 것이

　　　나만의 탐구 주제 잡기

지 논문을 얼마나 잘 베낄 수 있는지, 또는 전문적 지식이 없는 상황에서 얼마나 전문가의 흉내를 잘 낼 수 있는지를 보려는 것이 아니라는 점을 학생들은 명확히 알아야 한다.

구체적이지 않은 의문

앞서 탐구활동으로 무엇을 평가받는 것이라 했는지 다시 떠올려 보자. 바로 '과학적 탐구력'을 발휘했는가, 그리고 객관적 근거를 제시할 수 있는 능력이 있는가를 평가받는다고 말했다. 구체적이고 객관적인 근거를 제시하려면 탐구 주제나 대상도 구체적이어야 한다. 예를 들어, '습도와 고등학생 학습 태도의 관계 조사' 사례에서 처음 학생이 말한 의문은 "궂은 날씨에는 공부가 하기 싫은데, 정말 그런지 궁금해요."였다. 그런데 궂은 날씨는 흐린 날씨, 습도가 높은 날씨, 바람이 센 날씨, 추운 날씨 등을 모두 포함하는 넓은 범위라서 조사를 위해서는 특정한 날씨 하나로 구체화해야 했다. 그리고 '습도가 다른 날씨'라는 구체적인 날씨만을 탐구 대상으로 잡았다. 이 사례처럼 의문이 구체적이지 않을 때는 의문을 다듬어 구체화하는 작업을 거치거나, 구체화하는 작업이 어렵다고 판단되면 빨리 버려야 한다.

　"점심에 먹은 햄이 어떻게 소화되는지 알고 싶어요."라는 의문은 소화 과정 전체에 대한 궁금증을 말하는 것처럼 보인다. 여기에는 소화에 관여하는 기관의 탐구, 소화 효소나 소화액의 성분과 기능의 탐구, 햄이 소화 과정에서 분해되는 단계의 탐구, 영양 성분과 흡수 성분의 탐구 등 상당히 광범위한 영역으로 탐구가 진행되어야 한다. 이렇듯 광범위한 영역을 탐구해야 한다는 것은 객관적 근거를 제대로 제시할 수 없다는 뜻이기도 하다.

　과학을 영어로 'science'라고 하는데, 어원은 'scio'다. scio는 '베다, 자르다, 나누다, 구분하다'라는 의미다. 그러니까 과학(science)은 '알고자 하는 대상을 충분히 잘게 나누어서 한 사람의 연구자가 자신의 능력으로 앎을 얻는 방식'을 뜻한다. 과학은 한 사람의 연구자가 욕심을 부려 넓은 영역의 많은 사실에서 객관적 근거를 얻어 내려는 행위를 말하는 것이 아니라, 하나의 사실에 주목하고 이를 파고들어 객관적 근거를 얻어 내는 것이다. 이것이 과학이 추구하는 '큰 것을 잘게 쪼개 작게 나누고, 그중 하나에 주목하는 것'의 의미다. 작은 것을 다루는 것이 진정한 과학적 연구인 셈이다.

　　　　　　　　나만의 탐구 주제 잡기

마찬가지로 과학적 의문도 작고 구체적이어야 한다. 햄의 소화 과정 전체를 다루지 말고, 우선 나누어야 한다. '햄이 소화되는 데 이빨로 잘게 부수는 저작 활동은 얼마나 도움이 될까?', '침은 햄의 소화에 어떤 역할을 할까?', '같이 먹었던 음식의 종류에 따라 햄의 소화 정도가 달라질까?', '햄에 포함된 지방의 함량에 따라 소화 정도가 달라질까?'와 같이 구체적인 의문이 되어야 한다는 뜻이다.

"애니메이션의 역사와 기능을 탐구하고 싶어요."라는 의문도 역시 영역이 너무 넓어서 애매한 의문이다. 역사라면 어느 나라 애니메이션의 역사를 말하는가? 우선 어떤 나라로 할 것인지 정해야 한다. 자신이 관심이 있는 것이 일본 애니메이션이라면 일본을, 디즈니 애니메이션이라면 미국을, 우리나라 애니메이션이라면 우리나라를 선택해야 한다. 또 시간도 나누어야 한다. 애니메이션은 사실 선사시대의 동굴벽화에서부터 시작되었다고 해도 과언이 아니다. 그럼 애니메이션의 시작을 선사시대부터 볼 것인가, 아니면 1900년 이후의 근대에 국한할 것인가, 아니면 1980년 이후의 현대로 좁혀 살펴볼 것인가를 정해야 한다. 이것을 정하면 "1925년에서 2025년까지 100년간 미국 디즈니 애니메이션은 어떻게 발전해 왔을까?"라는 의문으로 시작해서 '최근 100년간의 디즈니 애니메이션의 역사와 발전 과정에 대한 탐구'라는 주제를 잡을 수 있다. 사실 이것만 탐구한다고 해도 너무나 많은 분량의 자료를 조사해야 해서 학생을 말려야 하겠지만, 국가나 시간조차 나누어 놓지 않는다면 이 학생은 평생 이 주제를 풀기 위해 매달려야 할 것이다.

영역이 너무 넓은 의문이나 구체적인 하나의 사실을 다루지 않은 의문은 그대로 주제로 이어지기는 힘들지만, 그렇다고 해서 실망하고 버려서는 안 된다. 의문이 주제로 발전하기 위해서는 어차피 의문을 다듬고 구체화하는 과정을 거쳐야 하니 이 과정에서 적절한 의문으로 좁혀 나가면 되기 때문이다.

"○○은 무엇인가?"의 원초적 의문

예를 들면 "AI는 무엇인가?"라는 의문과 같다. 이런 의문은 앞서 말한 것처럼 너무 넓고 방대한 영역에 해당하고, 전문적인 지식과 정보가 없는 상태에서는 인터넷을 검색하거나 책을 읽고 요약 및 정리하여 탐구보고서를 작성하는 수준에 머물 수밖에 없을 것이다. 세계적인 AI 전문가와 석학조차도 많은 연구를 하고 의견을 교환하고 있지만, AI의 발전 방향이나 문제에 대해서는 여전히 결론을 내지 못하고 있는 상황에서 고등학생이 두 달 정도의 탐구활동을 통해 몇 쪽 분량의 탐구보고서를 쓴다는 것 자체가 사실 말이 되지 않는다. 학교생활기록부에 AI 관련 주제가 담겨 있다고 해도 대학 입학사정관은 '이 학생도 결국은 자신의 이야기가 아니라 이 것저것을 인용해서 정리한 수준이겠군.'이라고 평가할 것이라 현실적으로 입시에 도움이 되지 못한다. 지원 학과의 교수도 이런 주제는 인터넷 검색이 탐구활동일 테고, 탐구보고서가 아니라 인터넷 검색 보고서를 썼다고 짐작하기 때문이다.

그래서 "AI는 무엇인가?"라는 의문이 주제가 되기 어렵다고 하면 학생들은 조금 더 발전시켜서 "AI는 앞으로 어떻게 발전해 갈 것인가? 그 과정에서 어떤 문제점이 있을까?"라거나 "AI로 인해 발생하는 윤리적 문제는 어떤 것이며, 어떻게 해결해야 할까?"라는 의문을 가져온다. 그런데 고등학생이 AI의 발전 양상이나 방향에 대해서, 그리고 윤리적 문제와 관련해서 탐구하고 자신의 관점이나 의견을 제시할 수 있을까? 발전시켰다고 하는 의문도 결국은 ChatGPT에 검색해 보거나 관련 보고서의 내용을 인용하여 요약·정리하는 탐구보고서가 될 가능성이 크다.

실제로 생성형 AI인 퍼플렉시티에 들어가서 'AI의 윤리적 문제'를 검색하면 정말 자세히 설명해 준다. 게다가 'AI의 윤리적 문제의 원인’, ‘AI의 윤리적 문제 사례’, ‘윤리적 문제 대응 정책’, ‘윤리적 문제의 해결 방안’ 등으로 나누어서 대답해 준다. 이 대답을 잘 정리하면 다음과 같은 목차의 탐구보고서를 쉽게 작성할 수 있다.

> 1장 — AI의 윤리적 문제를 탐구하는 배경과 목적
>
> 2장 — AI의 윤리적 문제 원인
>
> 3장 — AI의 윤리적 문제 사례
>
> 4장 — AI와 윤리적 문제의 해결 방안

이렇게 복사하여 붙여 보니 실제로 드는 시간은 10분 정도였다. 이러니 AI에 대해서도, AI의 윤리적 문제에 대해서도 잘 알지 못하는 학생들이 모여서 토론할 필요도 없다. 정보와 지식이 부족한 학생들끼리 머리를 맞댄다고 해서 원인과 해결 방안까지 생각할 수 없기 때문이다.

설마 이런 원초적 의문을 탐구활동의 주제로 생각하는 학생이 있겠나 싶겠지만, "미술에서 아름다움의 기준은 무엇일까?", "가짜뉴스란 무엇인가?", "디지털 교과서의 효과는 어떤 것이 있는가?" 등의 의문을 가져온다. 이런 의문은 대부분 검색을 통해 어느 정도 궁금증을 해소할 수 있으니 그 정도로 만족하자. 그리고 더 전

   나만의 탐구 주제 잡기

문적으로 내용을 파악하고 싶다면 조금씩 관련 분야의 정보와 지식을 쌓아서 풀어 보는 개인의 과제로 삼는 편이 좋다.

검색하면 바로 알 수 있는 의문

어떤 의문이든 괜찮으니 탐구 의문을 말해 보라고 하면 이런 의문을 말하는 학생도 있다.

"왜 신호등은 녹색, 빨간색으로 되어 있는 걸까요?"

주위의 모든 것에 의문을 던지는 습관을 기르기 위해서는 좋은 시도지만, 여기서 생각해 봐야 하는 점은 이 의문이 탐구할 가치와 의의가 있느냐다. 물론 처음 교통 신호를 정할 때 왜 녹색과 빨간색으로 결정했는지, 어떤 역사성을 지녔는지, 조금 학문적으로는 색채심리학적으로 어떤 의미가 있는지를 탐구할 수 있기는 하다. 그래서 이 의문을 잘 다듬어서 '신호등 색깔의 역사와 기능에 대한 조사' 또는 '신호등 색깔과 색채심리학의 연관성에 대한 탐구'로 탐구활동을 할 수도 있을 것이다. 하지만 이 탐구활동이 과연 2~3개

월이라는 시간을 사용하면서 탐구해야 할 의의나 가치가 있을까?

탐구를 위한 의문은 그냥 생각만 하는 것이 아니다. 어떤 의문이 떠오르면 그냥 놔두지 말고 그 의문을 발전시킬 행동을 해야 한다. 바로 검색이다. 만일 "신호등은 왜 빨간색과 녹색일까?"가 궁금하다면 빨리 인터넷에서 검색을 해 보자. 검색 결과, 몇 개의 블로그도 알려 주는데, 맨 위에 소개되는 한국도로교통공단의 블로그는 다음과 같은 제목이다.

[신호등 색깔은 왜 빨간색, 주황색, 초록색일까?]
신호등에 대해 얼마나 아시나요? 교통질서를 위해…

그리고 그다음 소개되는 것은 한국과학기술원의 서민아 연구원이 기고한 글로, 물리학자의 관점에서 신호등의 색깔이 정해져 있는 이유를 설명하면서 다음과 같이 결론을 내렸다.

"우리가 규칙이나 규범이라고 정의하고 지켜야 하는 것들 대부분은 사회를 구성하는 사람 간의 약속, 언어와 문화적 배경으로 정해졌다고 알려져 있다. 그러나 이렇듯 기저에 과학적 사실이 숨어 있는 경우도 많다."

 　　　　　　　나만의 탐구 주제 잡기

우리가 사칙연산의 기호를 +, -, ÷, ×로 쓰는 이유는 뭔가 심리학적·상징적 의미가 있을지도 모르지만, 사회 구성원이 그렇게 사용하기로 '약속'했기 때문이라는 뜻이다. 그리고 그 약속이 오랜 시간 유지되면서 관습과 규범으로 정착되었고, 이를 통해 사회가 효율적으로 움직일 수 있으니 굳이 이 관습과 규범을 바꿀 의미가 없다는 뜻이다.

하지만 관습과 규범으로 정착되었더라도 "이렇게 바꾼다면 더 좋지 않을까?"라는 의문이 든다면 탐구 의문으로 삼아도 좋다. "빨간색 정지 신호를 분홍색으로 바꾼다면 눈에 더 잘 들어올까?"라거나 "모양을 바꿔서 빨간색 원형 신호를 빨간색 X자 모형으로 바꾸면 눈에 더 잘 들어올까?"로 의문을 다듬어서 발전시키고 실험을 통해 확인하는 탐구활동은 얼마든지 가능하다.

○○ 이론이나 효과 실험을 그대로 따라 해도 될까?

책이나 인터넷에서 '○○ 효과'나 '○○ 이론'이라는 학문적 용어를 새롭게 접하고 흥미가 생긴 학생들이 이런 의문을 가지곤 한다.

"행동경제학 관련 책을 읽다 보니 '프레이밍 효과(framing effect)'라는 게 있는데, 책에 재미있는 실험이 소개되어서 저도 같은 실험을 해 보고 싶어요."

행동경제학(Behavioral Economics)은 기존의 경제학에 심리학을 접목한 학문 분야로, 인간의 비합리적 행동과 의사결정 과정을 설명하는 이론을 전개하고 있다. 우리에게는 대니얼 카너먼(Daniel Kahneman)이 쓴 『생각에 관한 생각』이 베스트 셀러가 되면서 많이 알려졌고, 학생들도 도서관에서 많이 빌려 읽는다. 이 학생도 책을 읽고 나서 프레이밍 효과에 대해 더 알아보고 싶어서 실험도 실제로 하고 싶다고 생각한 모양이다. 프레이밍 효과 실험은 "이 수술의 성공 확률은 90%입니다."라고 말하면 대부분 사람이 수용하지만, 같은 정보를 "이 수술의 실패 확률은 10%입니다."라고 말하면 대부분 사람이 거부한다는 실험 결과를 통해 인간은 같은 정보라도 어느 것을 강조하느냐에 따라 감정 반응이 전혀 다르다는 것을 말해 준다. 마트의 소고기 판매대에 '지방 90% 제거했음!'과 '지방 10% 들어 있음!'이란 광고 문구가 있다면 사람들은 앞의 문구에서는 건강함을 느끼고, 뒤의 문구에서는 좋지 않은 느낌을 경험하는 사례처럼 프레이밍 효과는 우리 생활 곳곳에서 찾아볼 수 있다.

  나만의 탐구 주제 잡기

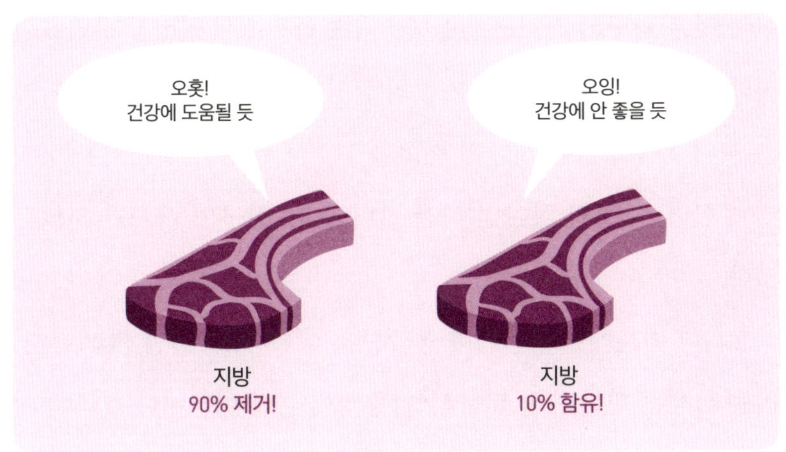

『생각에 관한 생각』에는 다른 이론이나 효과도 많이 나오는데, 이 학생처럼 그중 하나를 골라서 책에 나온 효과나 이론이 정말 맞는지 확인해 보는 탐구활동은 어떨까? 경제학이나 커뮤니케이션 관련 학과에 지원하려면 관련 배경지식이 많다는 걸 입학사정관에게 보여 줄 수 있어서 좋을 것 같고, 어쩌면 면접 때 교수님이 "학생이 이런 이론도 알고 있군요. 정말 대단하네요!"라며 칭찬도 해 줄 것 같다. 과연 그럴까?

자, 그럼 상상력을 발휘해서 책에 나온 프레이밍 효과에 대한 실험을 친구들에게 해 보았다고 하자. 이때 기존 실험을 똑같이 반복하는 것은 탐구의 가치는 있을까? 이미 학계에서 인정받아 발표된 사례를 똑같이 반복한다면 기존의 실험이 잘못되었거나, 한국이라는 지역 특수성이나 시대의 변화를 고려해서 다른 결과가 예상되어야 한다. 그렇지 않다면 시간 낭비일 뿐, 탐구의 가치와 의의는 없다.

효과나 이론에 호기심이나 궁금증을 갖고 '나도 한번 해 봐야지'라는 자세는 칭찬해 줄 만하지만, 증명이 끝난 이론이나 효과에 대한 똑같은 실험을 하는 것은 오히려 면접 상황에서 문제가 발생할 수 있다. 앞서 말한 것처럼 탐구 결과가 기존 실험 결과와 똑같이 나왔다면 대학 관계자는 "이미 증명된 것인데, 이걸 왜 다시 했나요? 다시 할 필요가 없었을 텐데…."라고 탐구활동의 의의에 대해 부정적으로 생각할 것이고, 만일 탐구 결과가 기존 실험 결과와 다르게 나왔다면 "학생이 실험을 잘못했겠죠. 제대로 따라 했나요?"라며 학생의 탐구 과정에 의문을 품기에 어떤 결과가 나오더라도 긍정적인 평가를 기대하기 힘들다.

잘 알려진 학문적 이론이나 효과를 확인하는 실험은 피험자 선정, 실험 처치 그리고 결과의 통계적 검증 등 전문적인 지식이 없는 고등학생이 짧은 탐구 기간에 그대로 따라 하기에는 무리가 있

 　나만의 탐구 주제 잡기

다. 비슷한 실험을 해 본다는 의의는 있을지 모르나, 비슷한 실험과 학문적으로 정확한 실험의 결과는 다르기 때문에 탐구활동을 통해 기존 이론과 효과를 알아본다는 것 자체에 어려움이 있다.

게다가 대다수 고등학교에서 진행하는 탐구활동 프로그램 명칭에는 '자율주제 탐구활동', '주제 중심 자율탐구' 등 학생 스스로 생각해서 진행하는 탐구라는 '자율'에 중점을 두는 경우가 많다. 기존에 진행되었던 실험을 똑같이 하는 것이 아니라, 실험 방법은 같더라도 대상이 다르다거나, 대상은 같더라도 실험 방법을 달리해서 학생만의 자율적인 창의성을 발휘해 보도록 하는 것이 프로그램의 목적이다.

기존 실험을 똑같이 반복해서, 그것도 이미 학문적 증명이 끝난 이론에 대한 실험을 반복하는 것은 창의성과는 거리가 멀고, 학생 스스로 주제와 방법을 궁리하는 탐구와도 거리가 멀다. "제가 똑같이 실험해 보았더니 ○○ 효과(또는 ○○ 이론)는 정말 맞는 것이었습니다!"를 확인하는 실험은 선생님과 교과 시간에 해 보도록 하고, 탐구활동에서는 다른 주제를 생각하자.

하지만 '○○ 효과'나 '○○ 이론'의 기존 실험이 아니라 자신만의 문제의식에서 출발해서 실생활에 '○○ 효과'나 '○○ 이론'으로 설명할 수 있는 현상들이 있는지 찾아보는 실험은 적극적으로 추천하다. 이런 실험은 ①문제의식을 담고 있는 의문으로 시작되기 때문에 사회를 바라보는 학생의 관점을 평가하기 쉽고, ②학생만의 독특한 방식으로 설계된 실험 방식을 적용하기 때문에 학생의 독창성과 창의성을 평가하기 쉽고, ③탐구활동이 기존 연구를 기반으로 하므로 학생이 학문적 지식과 정보를 습득하여 이해하고 있다는 점을 평가하기 쉽다는 점에서 좋은 평가를 받을 가능성이 큰 주제가 될 수 있다. 다음에서 제시하는 3가지 사례를 참조해서 자신의 탐구활동에도 활용하도록 하자.

효과나 이론을 확장 적용한 사례로 가장 대표적인 것은 '고카페인 음료의 플라시보 효과 조사' 사례인데, 아톰의 책 『주제 맞춤 탐구보고서 쓰기』의 13~25쪽에서 자세하게 설명하고 있으니 이를 참조하기 바란다. 그 밖의 사례를 살펴보면서 혹시 자신의 탐구활동에도 응용할 수 있을지 생각해 보자.

기존 효과의 확장 실험 사례 1.

이온음료의 플라시보 효과 조사

플라시보 효과는 심리학, 사회학, 경영학, 교육학 등의 인문사회과학뿐만 아니라 의학, 간호학 등의 자연과학과도 연관이 있는 개

넘이다. 사회학과, 교육학과, 간호학과를 지망하는 3명의 학생으로 이루어진 팀이 처음 생각한 의문은 이랬다.

"운동 후 마시는 이온음료를 대신할 다른 음료에는 어떤 것이 있을까요?"

"구체적으로는 어떤 음료죠?"

"포카리스웨트나 게토레이, 파워에이드 같은 거요."

"그런데 왜 이런 의문이 들었어요?"

"체육 시간이 끝나거나 조금 지칠 때 친구들이 이온음료를 자주 마셔요. 물 대신 마시는 친구들도 있고요. 그런데 아무래도 이온음료는 건강하지 않은 것 같고, 돈도 들거든요. 이온음료가 전해질 보충 때문에 마시는 거라고 알고는 있는데, 혹시 다른 음료도 이게 되지 않을까 싶어서요."

이 학생들은 친구들이 시판하는 이온음료를 너무 마신다는 점, 그리고 이를 소비하느라 다른 데 지출하는 용돈을 줄여야 할 것 같다는 문제의식이 있었다. 게다가 이온음료도 당분과 염분이 있으니 아무래도 많이 마시면 건강에도 좋지 않은 영향을 미치지 않을까 하는 생각도 했다.

“건강에 좋지 않을 수 있다는 건 검색해서 알아본 건가요?”

“네. 자세히는 아니지만, 인터넷에서 이온음료의 성분과 기능 그리고 효과를 알아봤어요. 그런데 격렬한 운동을 하지 않았다면 이온음료를 섭취하는 것이 청량음료를 마시는 것과 차이가 없대요. 짧은 시간에 너무 많이 마시면 오히려 당분과 나트륨이 빠르게 흡수되어 혈당이 상승하고, 신장에도 부담을 줄 수 있다고 하고요.”

“그럼 이온음료 대신 생각하고 있는 건 있어요?”

“전해질이나 수분을 보충하는 것이니까 설탕물이나 소금물이 어떨까 해요.”

“그런데 설탕물은 이온음료보다 더 건강에 안 좋을 것 같고, 소금물을 그냥 마시는 건 효과는 있겠지만 너무 짜서 마시기 힘들지 않을까요?”

“역시 그런가요? 그런 점은 사실 조금 걱정은 했어요.”

“그러니까 소금물, 설탕물, 이온음료, 이렇게 3가지 중 어떤 것이 전해질이나 수분 보충에 효과적인지 실험을 해서, 만일 설탕물이나 소금물이 이온음료에 비해 크게 효과가 떨어지지 않는다면 설탕물이나 소금물을 이온음료 대신 마시면 어떨까를 이야기하고 싶었던 거죠?”

“네, 바로 그거예요. 주제로 삼기에는 좀 그런가요?”

"우선 생각할 것이, 세 음료 각각 전해질과 수분의 보충 효과가 어느 정도인지 측정하는 방법을 알고 있거나, 학교에 측정할 수 있는 도구가 있나요? 아마 없을 거예요. 그리고 이온음료 제조 회사가 많은 돈을 들여 제품을 개발한 것이니 설탕물이나 소금물보다는 당연히 효과가 높겠죠. 그러니 결국 설탕물이냐 소금물이냐의 싸움인데, 여러분은 어때요? 앞에 두 음료가 있다면 체육 시간이 끝나고 뭘 마시고 싶어요?"

"(웃으면서) 당연히 설탕물이죠."

"그렇죠. 소금물이 효과가 더 크다고 해도 마셔야 한다면 설탕물을 마시겠죠. 일단 세 음료의 효과를 측정하는 것은 어려워서 세 음료를 비교하는 것도 의미가 없는 셈인데 이 탐구를 할 필요가 있을까요?"

"말씀을 듣고 보니 그렇긴 하네요. 그럼 이온음료를 가지고 다른 탐구를 할 순 없을까요?"

"혹시 이온음료를 마시면 몸이 상쾌해지거나 가벼워지는 느낌이 드나요?"

"네, 그런 것 같아요. 친구들도 그렇다고 하고요."

"그럼 다시 물어볼게요. 그런 기분이 들었나요, 아니면 실제로 그랬나요?"

“(웃으면서) 음… 실제로는 잘 모르겠어요. 느낌은 그랬던 것 같아요.”

“그럼 실제로는 힘이 났는지 아닌지 모르겠지만, 느낌은 확실히 그런 것 같았다는 거네요.”

“아, 지금 말씀을 들어 보니 이런 게 플라시보 효과라고 부르는 것 아닌가요?”

“플라시보 효과가 뭔지 알고 있나요?”

“네. 우연히 용어를 알게 되어서 검색해 본 적이 있어요. 가짜 약이 실제 효과를 일으킨다는 거죠?”

“맞아요. 아마도 학생들은 이온음료를 마신 결과 실제로 전해질과 수분이 보충되어서 힘이 나는지 여부는 잘 모르겠지만, 마셨다는 사실만으로 힘이 나는, 그러니까 심리적 요인이 신체적 효과로 이어지는 전형적인 플라시보 효과를 보이는 것이 아닐까 해요.”

“아! 그럼 저희의 탐구활동을 이온음료의 플라시보 효과 가능성에 대한 조사 같은 것으로 하면 어떨까요?”

이 학생들은 피험자를 5명씩 세 그룹으로 나누어 실험을 진행했다. 세 그룹의 피험자는 ‘100회 줄넘기하고 1분 휴식’을 3회 실시하며 가벼운 운동을 하도록 했다. 줄넘기 후 A그룹에게는 실제 시

　　　　　나만의 탐구 주제 잡기

판 이온음료를, B그룹에게는 생수에 탄산과 약간의 레몬향을 넣은 후 새로 나온 이온음료라고 말한 음료를, C그룹은 아무것도 첨가하지 않은 생수를 마시도록 했다. 음료의 양은 모두 동일하게 했다. 음료를 마시고 나서 앉아서 편하게 쉬게 한 후 1분 후에 얼마나 체력이 회복되었는지를 운동 전과 비교해 %로 대답하도록 했다. 만일 운동 전으로 회복되었다고 느끼면 100%로, 전혀 회복되지 않았다면 0%에 가까운 답이 나올 것이다.

이온음료를 마시는 행동에 플라시보 효과가 있다면 A와 B그룹이 답한 %의 평균은 그다지 차이가 없을 것이다. 다시 말해 B그룹은 실제로는 이온음료의 성분과는 전혀 다른 음료를 마셨음에도 불구하고 회복력이 있다고 느꼈다면 플라시보 효과가 발휘된 때문이라고 해석할 수 있다. 만일 플라시보 효과가 없다면 A그룹은 회복력 %가 높고, B와 C그룹의 회복력은 비슷하게 낮게 나올 것이다.

이 학생들은 계획대로 실험을 진행했고, 실험 결과 A와 B그룹의 회복력 %는 큰 차이가 없이 높게 나타났다. 이에 비해 C그룹의 회복력 %는 낮게 나왔다. 결과는 학생들이 이온음료를 마시는 행위에는 플라시보 효과가 작용한다는 것을 보여 주었다.

학생들은 문제 인식을 탐구보고서의 '탐구 배경'에, 이온음료의 플라시보 효과 가능성 탐구를 '탐구 목적'에, 그리고 자신들의 실험 과정을 '조사 방법'과 '조사 결과'에, 마지막으로 '시사점'에는 함께 토론해서 청소년의 이온음료 섭취가 늘고 있는 것은 바람직하지 않으며, 이를 줄이기 위해 어떻게 하면 좋을지의 방안을 몇 가지 제시했다.

이처럼 '주변에서 문제 인식 → 기존 효과를 기반으로 한 새로운 대상의 탐구 → 자신만의 실험 방법 모색 → 실험 진행 → 결과 도출'이라는 흐름을 잘 반영한 탐구활동은 높은 평가를 받을 수 있는 길이다.

기존 효과의 확장 실험 사례 2.

공휴일 확대 정책의 프레이밍 효과 조사

프레이밍 효과는 행동경제학뿐만 아니라 많은 학문 분야에서 연구하는 대표적인 효과 중 하나다. 특히 광고홍보학과, 경영학과, 심리학과, 사회학과를 비롯해 많은 커뮤니케이션 관련 학과에서 연구가 이루어지고 있다. 같은 사안이나 정보에 대해 부정과 긍정의 방향 중 어느 쪽을 의도적으로 노출하게 되면 이에 따라 정보를 수용하는 사람이 영향을 받는 효과를 말하므로, 연구자들은 국가 정책이나 사안에도 과연 프레이밍 효과가 발생하는가를 연구하고 있다.

정치학과와 언론정보학과에 지원하려는 두 학생이 처음 떠올린 의문은 "신문이나 인터넷의 정치 관련 뉴스는 사람들의 생각이나 행동에 얼마나 영향을 미칠까?"라는 다소 애매한 것이었다. 아마도 두 학생은 진학을 희망하는 학과와 관련 있는 의문을 떠올린 듯하다. 하지만 이렇게 범위가 넓고 탐구 대상이 명확하지 않으면 어떤 목적으로 탐구를 해야 할지 알 수 없다.

"범위가 너무 넓고 구체적이지 않아서 의문의 범위를 조금 좁히는 게 좋을 것 같아요. 그리고 '얼마나'라는 영향의 정도를 측정하는 것은 고등학생 수준에서 불가능하지 않을까요? 아무래도 친구들인 고등학생을 대상으로 설문조사를 해야 할 텐데, 정치에 관심이 있는 친구들이 얼마나 있는지 알 수 없어서 설문조사 대상을 찾기 어려울 수도 있어요. 뉴스나 기사와 관련해 탐구하는 것은 괜찮아 보이는데, 혹시 다른 의문을 생각한 건 없나요?"

"아, 다른 걸로는 프레이밍 효과를 해 보면 어떨까 얘기하기는 했어요."

"프레이밍 효과는 이미 많이 알려져 있는데, 어떤 걸 하고 싶은데요?"

"다른 친구들이 프레이밍 효과가 뭔지 잘 모르니까, 이걸 알려 주는 기회로 탐구활동을 하면 어떨까 하고요."

"친구들에게 알려 주고 싶은 것이라면 수업 시간에 발표하는 게 더 좋아요. 여러분의 탐구 주제를 평가하는 대학교수나 입학사정관은 프레이밍 효과가 무엇인지 잘 알고 있어서 이 주제는 적절하지 않아요. 만일 프레이밍 효과를 다루고 싶다면 뭔가 사회적 이슈가 되는 걸 중심으로 실험해 보는 건 괜찮을 수 있지만요. 요즘 학생들 사이에 화제가 되었던 뉴스가 있을까요?"

"음, 추석 연휴 때 10월 10일이 임시공휴일이 되느냐 마느냐 하는 이야기를 하긴 했어요. 학교를 얼마나 쉴 수 있는지 다들 관심이 높았거든요. 부모님과도 이 이야기를 한 적이 있는데, 두 분 의견이 다르더라고요. 아빠는 반대하는데, 엄마는 찬성하시고요."

"뉴스를 보면 임시공휴일로 지정할 때 생기는 부정적 측면과 긍정적 측면을 소개하고 있어서 딱 한쪽으로 결정하기 힘들긴 하죠. 하지만 학생들이라면 모두 찬성하는 쪽이죠?"

"대부분 그렇죠. 그런데 몇몇 친구들은 그렇지 않은 것 같아요. 아마 뉴스나 기사를 읽었나 보더라고요."

"임시공휴일 지정에 대해 반대하는 친구들은 기사를 본 것 같다는 말이네요?"

"네, 그런 것 같아요."

   나만의 탐구 주제 잡기

"그럼, 프레이밍 효과랑 임시공휴일 지정 이슈를 연결해 보면 어떨까요? 임시공휴일 지정에 대해 긍정적 면을 부각시키는 기사와 부정적 면을 강조하는 기사를 보여 주고, 정말 기사에서 강조하는 방향대로 학생들의 생각이 움직이는지 보는 거죠."

'임시공휴일 지정 기사의 프레이밍 효과 조사'를 임시 주제로 삼은 학생들은 그 후 검토를 거쳐 '공휴일 확대 정책 기사'를 탐구 대상으로 바꾸었다. 정부 정책에 관한 탐구로 하면 어떨까 생각한 정치학과 지망 학생의 의견을 반영한 결과다.

학생들은 공휴일 확대 정책과 관련한 기사들을 찾아서 공휴일 확대의 긍정적 측면과 부정적 측면을 우선 살펴보고, 이를 바탕으로 실험에 사용할 긍정 기사와 부정 기사를 각각 만들었다. 두 기사 모두 약 20줄 정도의 분량으로, 앞의 10줄은 공휴일 확대 정책의 움직임이나 공휴일 확대 정책의 해외 사례와 일수 비교 등을 공통으로 담았다. 나머지 10줄은 긍정 기사는 공휴일 확대 정책으로 발생하는 긍정적 측면을 중심으로 작성했고, 부정 기사는 부정적 측면을 중심으로 작성했다.

그리고 구글폼 링크를 2개 만들어, A링크에 접속한 A그룹 학생들에게는 긍정 기사를, B링크에 접속한 B그룹 학생들에게는 부정

기사를 보여 주고 12개의 설문 문항에 답하도록 했다. 설문은 "공휴일 확대 정책이 바람직하다고 생각하십니까?" 등을 '1)전혀 그렇지 않다. ~ 5)매우 그렇다.'의 5점 척도로 물어보았다. 12문항을 5점 척도로 물어보았으니 공휴일 확대 정책에 긍정적 태도라면 60점 가까이, 부정적이라면 12점에 가깝게 나타날 것이다. 두 그룹의 평균 점수를 비교한 결과 A그룹이 B그룹보다 점수가 확연히 높았으므로, 기사의 프레이밍 효과가 있다는 것을 확인할 수 있었다.

임시공휴일 지정을 포함한 공휴일 확대 정책은 사회 전반적으로 긍정과 부정의 의견이 존재하고 있다. 학생들의 문제 인식은 이런 정책이 언론의 의도적인 편집 방향성에 의해 좌우될 수도 있지 않을까 하는 것이었다. 처음에는 보수냐 진보냐 하는 정치적 성향이 접하는 뉴스나 기사에 좌우되는가에 대해 의문을 가지고 있었지만, 고등학교 1학년 학생들을 대상으로 하는 설문조사를 포함하는 실험에서는 정치적 성향을 다루는 것은 오히려 좋지 않을 수도 있어서 고등학생들이 관심을 갖는 기사로 바꾸었다.

좋은 의문에는 상상력이 필요하다

컴퓨터공학과를 지망하는 학생과 물리학과를 지망하는 학생이 한 팀이 되어서 많은 이야기를 나누다가 이런 의문을 떠올렸다. 상당히 학문적 무게감이 느껴지는 의문이었다.

"상대성이론을 적용해서 시간을 보정하면 GPS에 어떤 영향을 미칠까?"

의문만으로도 뭔가 학술대회에서 논문을 발표해야 하는 느낌이 든다. 주제는 '상대성이론을 활용한 시간 보정이 GPS에 미치는 영향'이라고 하고 싶다고 한다. 물리학 관련해서 '상대성이론'을, 컴퓨터공학 관련해서 'GPS'를 연결해 보려 한 노력의 결과인 듯했

다. 매우 멋진 의문이라고 생각하는지 말하는 얼굴에는 자부심이
가득하다.

좀처럼 접하기 힘든 의문이어서 어떻게 이런 생각을 하게 되었
는지 물었더니 정말 의외의 대답을 들려주었다. 대화를 잘 들어보
고 과연 이 의문을 주제로 발전시키는 것이 적절할지 판단해 보자.

"그럼 혹시 상대성이론을 활용한 GPS의 오차 보정과 관련해서
검색해 본 적은 있나요?"

"아뇨. 아직은 해 보지 않았어요."

"검색해 보니 특수상대성이론의 시간을 활용하여 보정해서 현
재의 GPS가 정확한 위치를 제공하고 있다고 하는데, 이 사실은 알
고 있었나요?"

"아뇨. 그것도 잘 몰랐는데요."

"그럼 어떻게 이 의문을 주제로 만들려 했죠? 특수상대성이론이
나 GPS 관련 정보와 지식은 어느 정도 공부를 해야 할 수 있는 내용
일 텐데 아직 아무런 정보나 지식이 없는 상태인 데다가, 인터넷에
서 검색해 보면 4~5쪽 분량으로 「상대성이론을 활용한 GPS 보정
원리 조사」라는 탐구보고서도 있어요. 이처럼 원리 자체를 설명한
내용이 이미 있어서, 아마 이런 걸 그대로 인용하는 탐구활동이 되

　　　　　　　　나만의 탐구 주제 잡기

지 않을까 하는데요. AI에게 물어봐도 잘 나올 것 같고요."

"아, 그런가요? 그건 몰랐어요."

"이렇게 되면 스스로 뭔가를 탐구하고 조사한다기보다는 단순한 인용이 되어 버리니 교과 시간에 발표하는 게 좋지 않을까요?"

이 학생들은 모의고사 문제의 지문에 담긴 내용이 정말 멋져 보였고, 그래서 눈에 들어온 모양이었다. 그런데 왜 지문에 나온 내용을 고등학생이 현실적으로 다룰 수 있는 의문과 주제로 생각했냐는 점이다. 물어보니 정말 순수한 학생의 생각을 들려주었다.

"고등학생 대상 모의고사 지문으로 나왔으니 당연히 저희가 탐구할 수 있는 수준의 내용이라고 생각했어요."

그 후로 이런저런 이야기를 나누었는데, 두 학생 모두 성적도 상위권이었고 평소에 여러 가지 호기심과 궁금증도 많은 학생들이었다. 그러니까 순수한 마음에서 모의고사 지문에 있는 내용은 고등학생에게도 해당하는 내용이라고 생각한 것이다.

모의고사에는 다양한 지문이 나온다. 어떤 것은 정말 어려운 책이나 논문의 내용이 나오기도 한다. 하지만 지문은 어디까지나 지문일 뿐, 고등학생이 탐구 가능한 내용이 나오는 것은 아니다. 모의고사의 지문뿐만이 아니다. 고등학생 권장 도서 중에도 전문적 지식과 정보가 없는 고등학생에게는 어려운 것이 있다. 따라서 '무게감 있고 멋져 보이는' 의문이라고 이걸 그대로 의문으로, 주제로 삼겠다고 하면 안 된다.

이렇게 학생들이 적절하지 않은 의문이나 주제를 가져오는 이유는 '상상력'이 부족하기 때문이다. 앞서 '습도와 고등학생 학습 태도의 관계 조사' 사례에서도 조사 결과의 이미지를 머릿속에 그려 보는 과정이 필요하다고 했는데, 의문을 떠올릴 때도 이미지를 상상하는 노력이 필요하다. 그럼 어떤 것을 머릿속으로 상상해 봐야 할까?

1. 관련 정보와 지식

먼저 의문이 떠오른다면 이 의문을 풀기 위해 어떤 정보와 지식이 필요할지를 상상해 보자. 필요한 정보와 지식을 내가 이미 갖고 있다면 문제가 되지 않지만, 갖고 있지 않아서 지금부터 찾아봐야 한다면 정보를 찾고 있는 자신의 모습을 상상해 보면 된다. 평소에 인터넷 검색을 통해 정보나 지식을 찾았다면 그런 모습을 떠올리

  나만의 탐구 주제 잡기

면서 과연 검색을 통해 이 정보와 지식을 찾을 수 있을지 생각하고, 어렵거나 불가능하다고 생각되면 선생님에게 빨리 조언을 구하자.

2. 의문을 푸는 조사 방법

아직 의문을 주제로 발전시키지는 않았지만, 의문을 풀어내기 위해서는 어떤 방법으로 조사하면 좋을지도 일단 상상해 본다. 설문조사로 할지, 실험조사로 할지, 문헌조사로만 할지, 아니면 관찰 조사를 할지 등을 상상해 보자. 물론 주제가 확정되고 구체적인 조사 방법이 결정되면 지금 상상한 방법이 아닌 다른 방법을 사용해야 하는 경우도 있지만, 의문의 단계에서 조사의 실현 가능성을 상상해 보고, 도저히 상상이 되지 않는다면 선생님에게 조언을 구하도록 하자.

3. 의문에 대한 사람들의 반응

의문이 적절하지 않은 이유 중 하나가 혼자서 생각하고 평가했기 때문일 수도 있다. 시간을 내서 머리를 짜내 가며 떠올린 의문인 만큼 왠지 적절한 것 같아서 스스로가 대견하다는 느낌도 든다. 그래서 곧바로 탐구계획서를 작성한다. 하지만 여기서 잠깐! 그 의문을 다른 친구나 선생님, 또는 가족과 한 번쯤 이야기를 나눠 보고 의견을 들어 본다면 '이건 아닐 수 있구나.'라는 생각이 들지도 모른다. 그래서 필요한 것이 '지금 막 머릿속에 떠오른 의문을 누군가에게 이야기한다면'을 가정하고, 의문을 듣고 있는 사람의 반응을 상상해 보는 것이다. 가능하면 평소에 자신과 가장 많이 대화를 나누거나 학교생활을 이끌어 주시는 선생님의 반응을 상상해 보는 것이 좋다. '선생님은 의문에 대해 아마 이런저런 의견과 조언을 해 주실 거야.'라고 대화하는 장면을 떠올리는 것만으로도 의문의 적절성을 가늠하는 데 도움이 될 수 있다.

상대성이론을 적용한 시간 보정이 GPS에 미치는 영향이 궁금했던 학생들은 의문을 떠올리면서 위 3가지를 상상해 보지 않았기 때문에 자신들의 의문이 적절하다고 판단했다. 상대성이론을 활용한 GPS 오차 보정과 관련해서 인터넷으로 검색해 보면 이미 많은 정보가 있긴 하지만, 전문적 지식을 갖추지 않으면 충분히 이해하기 어려운 데다가, 관련 정보를 단순히 인용하는 탐구활동이 될 가능성이 크다. 학생들이 어떻게 조사할지에 대해 상상해 보지 않았기 때문이다.

운동선수들은 시합에 나가기 전에 많은 훈련을 하는데, 그중 '이

 나만의 탐구 주제 잡기

미지 트레이닝(Image Training)'이라는 것이 있다. 실제 상황을 머릿속에 떠올리면서 이런 경우는 어떻게 대응하고 저런 경우는 어떻게 대응할 것인지에 대해 반복적으로 상상하는 훈련이다.

탐구활동에도 이미지 트레이닝이 필요한데, 특히 의문의 단계에서는 적극적으로 활용해야 한다. 예를 들어, "교실 벽을 어떤 색으로 칠하면 집중력이 높아질까?"라는 의문이라면, 머릿속에 영화의 한 장면처럼 교실을 떠올리고 교실 벽이 하얀색, 노란색, 연두색, 갈색 등의 다양한 색으로 바뀌는 모습과 함께 교실에 앉아 있는 학생들이 공부에 열중하는 모습을 상상할 수 있어야 한다. 이렇게 상상력을 발휘해 보아야 나중에 어떤 색을 골라 탐구 대상으로 할지, 아니면 집중력보다는 학업성취도(시험 성적)에 색이 미치는 영향을 살펴보는 게 좋을지 등 의문의 구체화 과정으로 쉽게 넘어갈 수 있다.

그럼 자연스럽게 상상력을 동원하면서 탐구 주제로 쉽게 발전시킬 수 있고, 대학 입시에서 자신만의 독창성과 탐구력을 인정받을 수 있는 의문을 떠올리는 지름길은 없을까?

무엇(what) 중심의 의문이 베스트!

주제를 만들기 위해 의문이 필요하고, 의문을 어떻게 갖느냐에 따라 적절하면서 높은 평가를 받을 수 있는 주제를 결정할 수 있다는 것을 알았다면 이제 좋은 탐구 의문은 어떤 것인지, 그리고 어떻게 주제로 이어질 수 있을지 알아보자.

가장 먼저 다른 학생이 할 것 같은, 또는 할 수 있을 것 같은 의문과 주제는 피하는 것이 좋다. 그리고 의문을 떠올릴 때 '왜(why)'나 '어떻게(how)'보다는 '어떤, 무엇, 무슨(what)'이 중심이 되도록 노력해야 한다.

높은 평가를 받는 의문은 형식도 중요하다. '무엇'을 중심으로 의문을 떠올리는 것은 모든 학문 분야에서 활용되는 과학적 의문의 방법이기 때문이다. 과학적 의문은 '탐구(분석)해야 하는 대상'과 '탐구하는 목적'을 구분하여 생각하는 방법이다. 쉽게 말하면 "나는 횡단보도의 여러 색을 따져 봐서(탐구 대상), 어떤 색이 운전자의 눈에 가장 잘 띄어서 사고가 나지 않고 바로 멈출 수 있는지 알고 싶어(탐구 목적)."로 생각하는 방법이다. 이 방법은 모든 학문 분야에 공통적으로 적용되는 것이고, 대학과 대학원에 진학해서도 활용하는 방법이니 이 기회에 익혀 두면 도움이 될 것이다.

익숙한 것을
낯설게 보는
창의적인 의문

학생들에게 의문 갖기가 탐구의 시작점이면서 결국 평가의 수준을 결정하는 중요한 과정이라고 이야기하면 모두 "그럼 어떤 방식으로 의문을 가지면 좋을까요?"라고 물어본다. 주제로 이어지는 가장 좋은 의문은 바로 익숙한 것을 낯설게 바라보고 떠올리는 의문이다. 왜냐면 이런 의문은 학생의 창의성을 쉽게 가늠하게 해 주고, 과학적 탐구가 지향하는 '대상을 작게 나누고, 작은 대상부터 다루기'를 학생이 제대로 이해하고 있는지 평가자가 쉽게 판단할 수 있기 때문이다.

익숙한 것을 낯설게 본다는 말은 결국 '당연하게 여기던 것을 이상하다고 생각하고 바라보는 것'이다. 이 방법은 창의력을 기르는 가장 빠른 방법이기도 하다. 창의력이나 사고력 향상을 다루는 책을 보면 공통으로 강조하고 있는 실천 방법이 바로 익숙한 것을 낯설게 보기다. 익숙한 것을 당연하게 생각하지 말고 다른 관점으로 보자는 것이다. 동그란 바퀴를 당연하다고 생각하지 말고 세모나 네모, 육각형으로 머릿속에서 그려 보면 상당히 낯설게 보이겠지만, 이런 과정이 창의력으로 가는 지름길이라고 말한다.

대학 입시 경쟁력을 강화하기 위한 탐구활동에는 창의성이 발휘되어야 한다. 누구나 갖고 있을 법한 뻔한 의문을 주제로 다루어서는 경쟁 우위를 기대할 수 없다. 결국은 다른 사람이 가지지 않는 의문이 독창적인 주제가 된다.

앞에서 다루었던 책상이나 의자, 교실 벽의 색깔에 대한 궁금증과 의문도 다른 학생들이 그다지 주목하지 않았던 의문이라면 충분히 창의적인 주제로 발전시킬 수 있을 테지만, 좀 더 '나만의, 나만이 할 수 있는 독창적 의문'을 찾아서 거리로 나가 보자.

가장 먼저 눈에 들어오는 것은 차들이 달리는 검은 아스팔트 도로다. 모든 것에 의문을 던져 보기로 했으니 이 검은 아스팔트에도 의문을 던져 보자. 왜 아스팔트는 검은색일까? 평소 매일 보던 아스팔트이니 사실 이상할 것도 없다. 하지만 당연한 것을 그냥 '이

　　　　　나만의 탐구 주제 잡기

상하다'라고 억지로 생각해 보자. 전국 어디를 가든, 해외여행을 가도 아스팔트는 검은색이었다. 왜 꼭 검은색이어야 하는 걸까? 가만히 생각해 보자.

연일 최고 기온을 찍는 여름철에는 검은색 아스팔트가 햇빛을 많이 흡수하다 보니 도시에서는 열섬 현상이 발생한다. 이는 환경문제에도 악영향을 미친다는 뉴스를 본 적이 있다. 그렇다면 다른 색으로 아스팔트를 칠하면 되지 않을까? 아스팔트를 검은색으로 고집하는 이유는 따로 있는 것일까? 검은색 아스팔트가 다른 색으로 했을 때보다 저렴해서일까? 잘 모르겠다.

자, 이렇게 아스팔트의 색에 대해 궁금해하고 의문을 가지는 고등학생이 얼마나 있을까? 아마 거의 없을 것이다. 의문을 가진 학생이 있더라도 이 의문을 주제로 삼아서 탐구보고서를 쓰는 학생은 또 얼마나 될까? 아마 없을 것이다. 다른 학생들이 품지 않은 의문, 그리고 이 의문으로 만들어진 주제는 그 자체가 창의적인 탐구로 이어진다. 대학 입시 관계자가 많은 학생의 학교생활기록부를 훑어볼 때 비슷비슷하고 고만고만한 의문과 주제만 보다가 이런 창의적인 주제가 눈에 들어온다면 자연스럽게 높은 평가를 할 수밖에 없다.

그럼 상상해 보자. 아스팔트가 하얀색, 연두색, 노란색, 분홍색, 아니 회색이라면 어떨까? 정말 낯설게 느껴진다. 하지만 이렇게 색을 칠해서 환경문제가 악화되는 것을 막을 수 있다면 그렇게 해야 하지 않을까? 그럼 색을 다르게 칠하는 것으로 정말 도로 온도를 낮출 수 있을까? 이런 것은 실험을 해 보면 알 수 있지 않을까?

이런 식으로 일단 너무나 익숙해서 당연한 것을 "왜 꼭 ~해야만 하는가?"라며 삐딱한 시선으로 바라보면 상당히 재미있는 의문을 떠올릴 수 있다. 다음과 같은 방식으로 의문을 가지는 습관을 익히도록 하자.

왜 (꼭) ○○은 ○○이어야만(해야만) 하는가?
○○이 아니어도 상관없다면 ○○을 △△로 바꾸면 어떨까?

신데렐라는 왜 꼭 한 짝의 구두를 벗어 두고 와야만 하는가? 구두 두 짝을 모두 벗거나 빨리 집어서 두 짝 모두 신고 도망치는 이야기가 아닌 이유는 뭘까? 굳이 한 발은 벗겨져야 하는 이유는 무엇인가? 신데렐라 이야기를 '두 발'로 바꾸면 '한 발만'이라는 이야기와 어떻게 달라질까? 한 발의 이야기에는 뭔가 비밀스러운 상징이 숨겨져 있는 걸까? 그걸 풀어 보고 싶다.

 나만의 탐구 주제 잡기

식사하고 나서 치약과 칫솔로 양치질을 하는데, 왜 그런 걸까? 입 냄새나 구강 세균의 번식을 막기 위해서일 텐데, 그럼 꼭 치약을 사용하지 않아도 되지 않을까? 가글을 해도 충분하지 않을까? 시 판되는 가글 제품의 냄새를 별로 좋아하지 않는데, 천연 재료로 가 글액을 만들 순 없을까? 만일 만든다면 어떤 원료가 좋을까? 그럼 원료별로 항균 효과에 차이가 있을까?

너무나 익숙하게 매일같이 오르내리는 학교의 계단. 계단을 오 르다 보니 "계단 한 단의 높이가 좀 더 높은 게 편하지 않을까?"란 생각이 들었다. 학교 건물이 지어진 지가 30년이 넘었는데, 요즘 학생들은 부모 세대보다 키가 크니 과거에는 당연했던 계단의 단 높이도 달라져야 하는 건 아닐까? 그렇다면 적절한 높이는 어느 정도일까?

이렇게 평소에 습관적으로 당연하게 행동하거나 생각하고 있던 것에 의문을 가지면 그 의문은 꼬리에 꼬리를 물고 이어진다.

자, 이제 "왜 ○○은 ○○이어야 하는가? ○○이 아니어도 상관없다면 □□나 △△도 괜찮지 않을까?"로 돌아가서 다시 도로를 바라보자. 아스팔트 말고도 낯설게 보면 참 이상한 것이 많다. 횡단보도를 건너려다 보니 횡단보도 색깔이 눈에 들어온다. 평소에는 아무 생각 없이 건너는 횡단보도지만, 익숙한 것을 낯설게 보려고 하니 색깔도 이상하다고 느껴진다. "횡단보도는 왜 하얀색인 걸까?" 친구에게 이렇게 말하니 한심하다는 얼굴로 쳐다본다.

"뭐가 이상해. 당연한 거 아냐? 검은색 아스팔트니까 하얀색이 눈에 잘 띄잖아. 그래야 사고도 안 날 거고. 너 갑자기 왜 그러는 건데?"

아니다. 이 친구는 잘못 알고 있다. 검은색 아스팔트 위에는 사고를 방지하기 위한 선이 또 하나 있다. 노란색으로 칠해져 있는 중앙

 나만의 탐구 주제 잡기

선이다. 중앙선은 마주 달리는 차들이 정면충돌하지 않도록 그어 놓은 중요한 선이다. 가장 위험한 사고를 방지하기 위해 눈에 잘 띄는 색을 칠했을 테니 하얀색보다 노란색이 눈에 더 잘 들어오는 색인 걸까? 그렇다면 횡단보도 역시 사람과 자동차가 충돌하면 인명 피해가 발생하는데 왜 하얀색으로 칠한 걸까? 하얀색이 아니라 노란색으로 칠하면 교통사고 발생률은 감소할 수 있는 걸까? 연두색이나 분홍색도 눈에 잘 띄는 것 같은데, 이 색으로 칠하면 사고율이 더 떨어질 수도 있지 않을까?

세상에 당연한 것은 없다. 당연하다고 생각되는 것은 그저 우리에게 익숙하기 때문이다. 익숙한 것을 조금 다른 시선으로 바라볼 때 의문이 떠오르고, 창의적 사고와 연결된다. 애플의 창업자인 스티브 잡스가 혁신적인 인물로 이름을 알리게 된 것은 그가 지닌 호기심과 의문의 힘 때문이었다. 그는 사람들은 당연하게 생각해서 의문조차 가지지 않을 때, 당연한 것을 다르게 바꾸어 보면 어떨지 궁금해했다. 잡스는 컴퓨터의 모니터나 휴대폰 모서리의 각진 모양이 마음에 들지 않았지만, 당시 제품 개발진은 직각 모서리를 지닌 형태가 너무나 당연했기에 잡스의 의견에 반대했다. 하지만 잡스는 애플의 제품이 다른 제품과 다른 특징을 가지길 원했고, 디자인의 독특함을 소비자에게 알리고 싶었다. 그는 디자인팀과 함께 주변 환경을 산책하면서 화이트보드, 자동차 창문, 도로 표지판, 책상 등 17가지 사물을 보며 이렇게 말했다.

"모든 곳에는 둥근 모서리를 지닌 직사각형이 있는데, 왜 애플 제품에는 없는 거지?"

의문을 떠올릴 때 가장 빠른 방법도 이와 같다. 당연한 것에 의문을 가지고 주제로 삼게 되면 대학 입시에서도 탐구력을 평가받을 수 있는 것은 물론 창의성에서도 높은 점수를 받을 수 있으니 여러모로 유리하다.

익숙한 것을 이상하다고 생각하고 바꾸어 보려고 한다면 우리 주변에도 탐구할 의문은 무궁무진하다. 이런 의문으로 '횡단보도 색에 따른 운전자 시인성의 차이에 대한 조사', '조명의 색온도에 따른 학업 집중력 차이에 대한 조사', '학교 계단의 적정 단 너비와 단 높이 산출을 위한 조사' 등의 주제를 설정할 수 있다.

 　나만의 탐구 주제 잡기

왜(why)를 중심으로 하는 의문은 안 된다!

모든 현대 학문의 연구자는 과학자다. 국문학과, 체육교육과, 철학과 역시 인문사회과학에 속해 있으니 이 학문을 연마하는 사람들도 역시 과학자다. 과학자는 의문이 생기면 이를 해결하기 위해 연구하고, 그 결과를 논문으로 발표해서 다른 사람들과 공유한다.

탐구하는 고등학생도 마찬가지로 과학자다. 정확히는 대학에 진학하기 때문에 미래의 과학자인 셈이다. 학생들이 탐구하는 주제는 어딘가의 학문을 기반으로 학문적 지식과 정보를 활용하기 때문이다. 학생들도 자신의 의문을 해결하기 위해 탐구하고, 탐구보고서를 써서 학교에 제출하고, 필요에 따라 다른 학생들과 내용을 공유한다.

그렇다면 과학자와 마찬가지로 학생들도 제대로 '의문하는 법'

을 배울 필요가 있다. 앞서 세상 모든 것에 의문을 던지라고 이야기하며, 어떤 의문이 주제로 적절하지 않은지, 어떤 의문이 창의적인 힘을 갖고 있는지 이야기했다. 또, 대상이 무엇이며, 어떻게 풀어 나가느냐에 따라 의문에도 차이가 있다는 것을 알았다.

일상에서는 '왜, 어떻게, 얼마, 어느, 몇, 언제, 누가, 무엇, 어떤' 등의 의문사가 붙으면 의문이 된다. 그럼 이런 의문사가 들어가는 의문을 만들어 내면 될까? 과학적 연구나 탐구를 하려면 조금 방법이 달라진다. 과학적 탐구는 기본적으로 '무엇'을 중심으로 하는 의문이 필요하다. 좋은 주제에는 '무엇' 중심의 의문이 가장 중요한데, 이 기회에 확실히 의문의 형식에 대해 이해하고 넘어가도록 하자.

탐구할 의문을 가져오라고 하면 90% 이상의 학생들이 '왜(why)'로 시작하는 의문을 말한다.

- 왜 우리나라는 저출생 문제가 생겼는지 알고 싶어요.
- 왜 꼭 학교라는 공간에서 공부하는 교육 시스템이 필요할까요?
- 왜 사람들은 예쁜 것에 끌리는 걸까요?
- 왜 우리나라 국민은 일본에 대한 감정과 미국에 대한 감정이 다른 걸까요?

나만의 탐구 주제 잡기

- 왜 영양소별로 소화에 걸리는 시간은 달라지는 걸까요?
- 왜 꽃들은 대부분 동그란 모습일까요?
- 왜 여성 혐오, 남성 혐오가 사회적으로 퍼져 가고 있는지 알고 싶어요.
- 왜 점심을 먹고 나면 졸음이 오는지 알고 싶어요.
- 왜 우리 동네 전통시장이 활성화되지 않는지 알고 싶어요.

사실 '왜'라는 의문 형식이 잘못된 것은 아니다. 하지만 '왜'가 담긴 대부분의 의문은 고등학생 수준에서 풀지 못하거나, 이미 그 이유나 원인이 밝혀져 있는데도 학생들이 잘 살펴보지 않으니 모르고 있는 것들이다. 위에 소개한 의문들도 인터넷을 조금만 검색하면 알 수 있거나, 많은 박사급 인원들이 참여하는 엄청난 규모의 프로젝트를 통해서야 알아낼 수 있는 것이 포함되어 있다. 게다가 학생들이 던지는 '왜' 중심의 의문 형식은 너무 개념적이거나 추상적이고, 또 커다란 범위를 지닌 것이라서 한두 달의 기간에 풀어내서 탐구보고서를 쓰기에는 불가능하다.

그럼 '왜' 중심의 의문 형식을 탐구활동에서 그냥 사용하면 안 되는 근본적인 이유는 무엇일까? 간단하게 말하면 '답이 너무 많기 때문'이다. 우리는 흔히 '왜?'라는 물음에는 하나의 답이 존재한다고 생각한다. 예를 들어, "왜 그렇게 밥을 빨리 먹어?"라고 물어보면 답은 "배가 고파서."라고 생각한다. 하지만 그렇지 않다. '시간이 없어서', '그냥', '이게 너무 맛있어서', '빨리 먹는 게 습관이 되어서', '먹는 데 시간을 쓰는 게 아까워서' 등의 다양한 답이 있을 수 있다.

어떤 학생이 "왜 점심을 먹고 나면 졸음이 올까요?"라는 의문을 갖고 왔다. 그리고 이 의문을 주제로 바꾸어서 '식사 후 졸음의 원인에 대한 조사'를 하겠다고 했다. 그 학생에게 물었다.

"학생은 왜 졸음이 오는 것 같아요?"
"배가 부르니 그런 것 아닐까요?"
"그럼 배가 부르면 무조건 졸음이 오나요?"
"음, 그건 100%는 아닐 것도 같아요."
"만일 탐구활동을 해서 '배가 부르면 졸음이 온다'라는 사실을 알아냈다고 하면, 그건 어떤 학문적 의의나 가치가 있을까요?"
"학문적 의의나 가치는 생각해 보질 않았는데요."

　　　　　　　　나만의 탐구 주제 잡기

우선 이 학생의 '왜'에는 답이 너무 많다. 점심을 많이 먹은 포만감 때문일 수도 있고, 오전에 체육 시간이 있어 피곤했거나, 어제 잠이 부족했거나, 5교시 과목에 관심이 없거나, 선생님의 수업 방식이 지루하거나, 날씨가 딱 졸기 좋았거나, 아니면 그냥 다른 학생들이 조니 전염되어서 그런 것이거나. 아니면 앞에서 말한 것 중 몇 개의 원인이 더해져서일 수도 있다.

만일 학생이 왜 졸음이 오는지를 의문으로 주제로 삼는다면 '졸음의 원인은 125가지'라는 조사 결과를 밝혀야 하는데, 이게 과연 현실적으로 가능할까? 절대 불가능하다. 모든 원인을 하나하나 찾아내 객관적 근거를 제시하기 위해 실험을 하려면 아마 10년 이상 연구에 매진해야 할 것이다.

지방에 있는 고등학교의 한 학생은 전통시장이 쇠락해 가는 것 같아서 활성화 방안이 없을까 고민하다가 우선 '왜 전통시장이 쇠퇴하고 있는 걸까?'를 알아보기로 했다. '전통시장의 비활성화 원인과 활성화 방안의 제시'라는 주제로 말이다. 그럼 생각해 보자. 전통시장이 활성화되지 못한다면 어떤 이유에서일까? 대중교통의 편의성, 주차장 환경, 비와 눈을 막아 주는 지붕의 존재 여부, 가격 경쟁력, 상인의 친절도, 상품 구색, 시장 홍보, 지역 주민의 시장에 대한 인식, 지자체의 지원 규모 등 너무나 많은 원인을 생각할 수 있다. 이제 이런 하나하나의 원인이 실제 원인인지 조사해야 한다. 모든 원인을 떠올려 보니 32가지라고 했을 때, 실제 조사 결과 그중 21가지가 문제가 되어 쇠락하고 있다는 걸 알게 되었다. 그럼 다시 21가지의 문제 중 어떤 것이 가장 큰 문제이고 어떤 것은 그리 문제가 되지 않는지 비중도 따져야 한다. 우선 중요한 순서부터 차근차근 대처 방안을 마련해야 할 것이다.

자, 이런 일을 고등학생이 두 달 정도의 기간에 해낼 수 있을까? 이런 연구를 하는 사람은 아무도 없다. 대학교수도 하지 않는다. 왜? 이렇게 많은 문제를 한꺼번에 다루는 것은 과학적 조사가 아니기 때문이다.

A교수는 교통공학 전문가다. 그는 전통시장의 활성화를 대중교통의 접근성 관점에서 다룬다. 그래서 전통시장이 정말 대중교통의 접근성 문제가 있는지, 문제가 있다면 어느 정도인지, 이를 해결하기 위해서는 어떤 방안이 필요한지를 연구한다. '○○지역 전통시장 활성화를 위한 대중교통 접근성 원인 분석과 개선 방안'이란 논문 제목으로.

B교수는 경영학과 마케팅 전문가다. 그는 전통시장 상인들의 상

 나만의 탐구 주제 잡기

점 경영 방식에 문제가 있다고 본다. 특히 주변 대형 마트에 비해 시장의 마케팅 수준이 떨어지는 점에 주목했다. 전통시장 전체의 브랜드 이미지 형성에도 문제가 있다고 판단했다. 그래서 브랜드 이미지가 어떻게 형성되어 있는지, 어떤 점이 문제인지를 진단하고 이에 대한 개선을 연구했다. '○○지역 전통시장 브랜드 이미지 분석과 브랜드 아이덴티티(BI) 확립 방안 연구'가 논문 제목이다.

이런 식으로 원인이나 문세 하나에 초섬을 맞추고 이를 분석하여 결과를 도출하는 것이 학문적인 조사 방식이다. A교수와 B교수도 처음에는 "왜 ○○전통시장은 활성화되지 못하는 걸까?"라는 의문을 가졌을지 모르지만, 이 의문을 연구하려 마음먹은 순간 A교수는 "대중교통 접근성에 문제가 있고, 이 때문에 사람들이 오지 않은 것은 아닐까?"라는 의문을 떠올리고, B교수는 "○○전통시장이라는 브랜드에 대한 이미지가 너무 약하거나 아예 만들어지지 않은 건 아닐까? 브랜드 이미지를 어떻게 만들고 바꾸면 좋을까?"라는 의문을 떠올린 것이다.

결국, 두 교수가 실제 연구를 하려는 의문에는 '왜'라는 의문사는 들어갈 여지가 없고, 구체적으로 하나의 탐구 요인, 문제, 원인, 대상이 들어가 있다. 다시 말해 그저 단순한 관심으로 만들어진 의문에는 '왜'가 들어가지만, 실제 과학적 연구를 위한 의문에서는 오히려 '왜'가 방해가 될 뿐이다.

전통시장 활성화에 대한 의문을 가져 왔던 학생은 ○○지역 전통시장과 대형 마트를 둘러보니 '위생적인 환경'이 가장 문제가 되지 않을까 생각했다. 하지만 이건 학생만의 의견일 수 있어서, 실제로 지역 주민과 관광객이 전통시장을 잘 이용하지 않는 이유가 과연 전통시장의 위생 문제 때문인지를 확인하고, 많은 위생 문제 중 어떤 것인지 알아보고, 어떻게 개선하면 좋을지를 설문조사를 해보기로 했다. '○○지역 전통시장 활성화를 위한 위생 환경 실태와 인식 조사: 지역 주민과 관광객 대상으로'라는 주제로 진행한 탐구 활동은 다른 설문조사보다는 다소 시간이 필요했지만, 나중에 탐구보고서를 작성해서 시장 상인회에 전달했다. 물론 학교생활기록부에도 이런 내용을 기재했다.

　　　　　나만의 탐구 주제 잡기

어떻게(how)가
중심인 의문도
안 된다!

‘왜’를 중심으로 하는 의문뿐 아니라, ‘어떻게’를 중심으로 하는 의
문도 높은 평가를 받기는 어렵다.

- 어떻게 하면 사회갈등을 줄일 수 있을지 탐구하고 싶어요.
- 어떻게 광고를 만들어야 소비자가 좋아할까요?
- 학교 수업을 어떻게 바꾸면 학생들이 더 집중할 수 있을까요?

의문에 ‘어떻게’가 들어가지 않고, ‘~방안’, ‘~방법’, ‘~대책’
등이 들어가는 것도 결국은 ‘어떻게’ 중심의 의문일 수밖에 없다.
왜냐면 학생들이 ‘어떻게’라는 의문을 가져오는 이유는 무엇인가
를 바꾸고, 개선하고, 발전시키고자 하는 의욕이 있기 때문이다. 위

3가지 의문은 다른 말로 바꾸면 다음과 같다.

- 사회 갈등을 줄이는 방안은 무엇이 있을까요?
- 광고를 잘 만들어서 소비자에게 전달하는 방법은 무엇일까요?
- 학교 수업의 집중력 개선 방안을 살펴보고 싶어요.

그러니까 '저출생 해결 방안', '토양오염 방지 대책', '분리수거 활성화 방안', '독서 습관 육성 방안' 등을 탐구하려는 학생의 의문은 다르게 표현하면 '저출산은 어떻게 해결해야 할지', '토양오염은 어떻게 방지해야 할지', '분리수거는 어떻게 활성화해야 할지', '독서 습관을 어떻게 교육해야 할지'와 같다.

어떻게 하면 우리나라의 정치적 갈등을 줄일 수 있을지 알고 싶은 학생이 있다고 하자. 먼저 생각해야 할 것은 이 커다란 문제와 관련해 과연 몇 명의 고등학생이 2개월 정도의 기간에 해결 방안을 제시할 수 있을 것이냐에 대한 검토다. 저출생, 환경오염, 분리수거, 독서 습관 육성은 모두 정부 차원이나 교육계 차원에서 저명한 학자와 전문 연구자들이 머리를 맞대고 대책을 강구하고 방안을 마련하려는 이슈이고, 일부 보고서를 보면 대책이나 방안이 제

　　　　　나만의 탐구 주제 잡기

시되어 있다. 그런데 그 방안으로 지금 이슈들은 해결되었을까? 방안이 나와 있는 듯한데 왜 해결되지 않는 걸까? 그만큼 어렵기 때문이다. 전문가들이 몇 년 동안 참여해서 실력을 발휘해도 어렵다는 뜻이다. 만일 고등학생이 간단히 방안을 제시할 수 있다면 전문가들은 할 일이 없어질 것이다.

저출생은 세계적·국가적 이슈이니 작은 이슈면 괜찮지 않냐고 생각할 수 있다. 예를 들어, "청소년의 비속어 남용을 어떻게 하면 줄일 수 있을까?"가 궁금하다고 하자. 이것도 마찬가지로 교육계에서 관심이 많아서 관련 학과에서 많은 논문이 발표되었고, 교육부에서도 관련 대책을 마련하고 있다. 하지만 해결되었을까? 그건 아니다. 전문가들도 애를 쓰고 있지만 어렵다. 그러니 어떤 사회적 이슈에 대해 고등학생이 다루기에는 아직은 시기상조다. 물론 "이런 이슈에 대해 사람들은 어떻게 생각하는지"라는 의문은 적절한 주제가 되며, 이슈에 대한 지식과 정보를 넓혀 나가는 좋은 기회를 제공해 준다.

또 하나, '어떻게'를 중심으로 하는 의문이 적절하지 않은 이유는 앞서 '왜' 중심의 의문에서 이야기했던 것과 마찬가지로 답이 너무 많고 구체적이지 않기 때문이다. '어떻게' 의문은 '왜' 의문을 다르게 표현한 것에 지나지 않는다. "왜 우리나라는 저출생 문제가 생긴 걸까요?"라는 의문은 "어떻게 하면 저출생 문제를 해결할 수 있을까요?"와 같다. 원인을 밝혀낼 수 있다면 해결 방안도 제시할 수 있기 때문이다. 원인을 모르는데 해결 방안을 제시할 수는 없는 노릇이니까 '어떻게' 의문을 풀어내려면 당연히 '왜' 의문을 포함해서 탐구해야 한다. 앞에서 '왜' 의문이 탐구활동에 적절하지 않은 이유를 설명했으니 다시 한번 읽어 보자. '어떻게' 의문은 '왜' 의문이 지닌 단점도 함께 갖고 있는 셈이다.

그런데 여전히 '어떻게'가 들어가거나 '~방안'이 들어가는 의문을 많이들 가져온다. 뭔가 문제를 개선하고 해결하는 방안이나 방법을 제시하면 사회문제에 관심이 많고 문제의식을 지닌 학생의 이미지를 평가자에게 전달할 수 있고, 이슈를 다루니까 좋은 평가를 받을 것이라고 기대하기 때문이다. 하지만 이건 큰 착각이다. 이유는 크게 3가지다.

먼저 과학적 연구는 구체적이고 작은 대상을 탐구한다. 앞에서 이야기한 전통시장 활성화 방안에 대한 A교수와 B교수의 사례처럼 과학을 다루는 연구자는 작은 것 하나만을 주제로 다룬다. 그러

　　　　　　나만의 탐구 주제 잡기

니 큰 이슈를 통째로 주제로 삼는다고 하면 오히려 좋은 평가를 받을 수 없다. 이 학생은 아직 학문이나 과학에 대한 이해를 제대로 하고 있지 못하다고 판단하기 때문이다.

두 번째는 주제의 독창성과 조사 방법의 창의성과 관련해서 높은 평가를 받기 어렵다. 저출생, 환경문제, 분리배출, 독서 습관, 남녀 갈등, 가짜 뉴스 등의 이슈는 우리나라 국민이라면 대부분 관심이 있고, 알고 있는 것이다. 다시 말해 이와 관련해서 탐구활동을 하는 학생도 많고, 학교생활기록부에 기재되는 경우도 많아서 평가자는 '이 학생도 이 주제를 다뤘네?'라며 지겨워할지도 모른다.

독창성의 평가가 낮은 것은 주제뿐만이 아니다. 이런 이슈를 탐구하려면 전문적 지식이나 정보도 풍부하게 갖고 있고, 또 적절한 조사 방법을 활용해야 하는데 고등학생 수준에서 이렇게 하기는 어렵다. 앞서 '플라시보 효과 조사'와 같이 독창적인 자신만의 조사 방법을 활용하기 어려우니 과학적 방법론에 대해서도 낮은 평가를 받을 수밖에 없다.

발전과 개선이 필요한 이슈, 특히 사회적 이슈는 전문가도 관심을 갖고 오랜 시간 체계적으로 연구를 하고 있다. 그리고 이런 문제들이 '이슈'인 이유는 전문가도 뾰족한 해결 방안이나 개선 방안을 도출하기 어려워하고, 방안을 도출했다고 해도 실제 실행했을 때 효과가 확실할지 가늠하기 어렵기 때문이다. 그래서 이슈라는 이름이 붙는 것이다. 그러니 이슈에 욕심을 내서 개선 방안, 발전 방안 등을 탐구하려고 하지 말자. 이런 의문으로는 이미 나와 있는 보고서나 논문을 읽고 요약·정리하는 수준이 되거나, AI 검색을 해서 복사해 붙여넣기를 하는 보고서를 쓸 확률이 100%에 가깝다.

   나만의 탐구 주제 잡기

무엇(what)이 중심인 의문이어야 한다!

'왜'와 '어떻게' 중심의 의문이 적절하지 않다면 어떤 의문이 최적의 탐구 의문일까? 다음의 의문을 비교해 보자. 두 학생 모두 집중력이 높아지는 교실 만들기에 관심이 있어서 의문을 제시했다.

학생 A: 어떻게 하면 집중력이 높은 교실을 만들 수 있을까?
학생 B: 선생님의 목소리 톤은 학생 집중력에 영향을 미칠까?

또 다른 의문도 비교해 보자. 이 학생들은 항균 효과가 있는 천연물질에 관심이 있어서 의문을 제시했다.

학생 A: 천연 항균물질은 세균에 어떻게 작용해서 항균 효과를 발휘할까?

　학생 B: 많이 먹는 과일 중 구강 세균에 대한 항균 효과가 가장 큰 과일은 무엇일까?

　학생 A와 B의 의문은 어떤 차이가 있을까? 우선 두 사례의 학생 A는 모두 '어떻게'라는 의문을 중심으로 하고 있다. '집중력이 높은 교실을 만드는 방안'과 '항균물질의 작용 원리'를 알고 싶어 한다. 반면 학생 B는 '수업하는 선생님의 목소리 톤에 따라 학생 집중력은 차이가 있는지', 그리고 '평소 자주 먹는 사과, 귤, 딸기, 감 중에서 어떤 것이 항균 효과가 클지'를 알고 싶어 한다. 여러분이 탐구활동을 한다면 어떤 것을 의문으로 삼는 것이 좋을까?

　두 A학생의 의문은 이미 앞에서 적절하지 못한 이유로 설명했다. '어떻게'나 방안으로 이어지는 의문을 풀어내기 위해서는 고등학생 수준에서는 불가능한 전문적 실험이 필요하고, 인터넷에 검색하면 금방 나오는 단순한 원리나 이론이기 때문이다. 주제로 적절한 의문은 두 B학생이 제시한 의문이다.

　탐구 주제가 되기 위한, 그것도 높은 평가를 받는 주제가 되기 위해서는 '무엇(what)'을 중심으로 하는 의문이어야 한다. 위 사례에서는 다음과 같이 '무엇'이 활용된 셈이다.

　　　　　　　나만의 탐구 주제 잡기

- 선생님의 목소리 톤은 학생 집중력에 영향을 미칠까?

  → 무엇은 무엇에 영향을 미칠까?

- 많이 먹는 과일 중 구강 세균에 대한 항균 효과가 가장 큰 과일
  은 무엇일까?

  → 무엇이 무엇에 대한 효과가 가장 클까?

'무엇'을 중심으로 하는 의문은 '왜'와 '어떻게' 중심의 의문이 지닌 단점을 모두 배제할 수 있다. 우선 '무엇'은 한정되고 구체적인 대상을 다룬다는 점에서 유리하다. 집중력을 높이려면 어떤 것을 바꾸어야 할지를 생각하면 교실의 밝기, 조명의 색, 벽면의 색, 책상 높이, 의자 등받이의 각도, 교실 공기의 미세먼지 정도나 이산화탄소 농도, 선생님의 수업 방식, 교실에서 나는 냄새, 옆자리 친구의 움직임, 책상의 배치 방식 등 수많은 영향 요인이 있다. 과학자는 이 모든 걸 혼자서 다 연구할 수는 없으니 일단 하나를 선택한다.

교실의 이산화탄소 농도만을 우선 대상으로 삼아 "교실의 이산화탄소 농도는 학생들의 집중력에 영향을 미칠까?"란 의문을 가졌다고 하자. '무엇은 무엇에 영향을 미칠까?'라는 의문 형식이

다. 앞의 무엇은 '이산화탄소 농도'이고, 뒤의 무엇은 '학생 집중력'을 말한다. 그럼 이산화탄소 농도를 몇 단계로 나누어 각 단계에서 학생들의 학습 집중력을 측정하여 막대그래프로 표현한다. 만일 이산화탄소 농도와 학습 집중력이 어떤 관계를 지니고 있는지 보려면 단계로 나눈 막대그래프가 아니라 분산형 그래프로 나타내면 된다. 만일 집중력이 떨어지는 농도를 파악하여 이때 환기를 하고 싶어서 이 탐구를 하게 되었다면 분산형 그래프를 제시할 수 있는 '교실의 이산화탄소 농도와 학습 집중력의 관계 조사'라는 주제로 탐구하면 된다.

항균물질이 어떻게 세균을 죽이거나 활동을 억제하는지 궁금한 마음은 이해가 되지만, 어떤 세균을 대상으로 하는 항균 실험인지 알 수 없다. 우리 신체의 부위에 따라 구강세균, 여드름균, 피부세균, 손세균, 발세균 등이 있을 수 있다. 대장균, 황색포도상구균처럼 특정 세균을 말하는 것일 수도 있다. 이때는 구체적으로 특정 세균이나 세균이 서식하고 있는 범위를 정해서 '이들 또는 세균에 대한 실험'이라고 설정해야 과학적 연구가 된다.

특정 세균을 정한다고 끝나는 것은 아니다. 이 세상에 존재하는 물질은 거의 천연물질이다. 냉장고 안에 있는 채소나 과일도 어느

 나만의 탐구 주제 잡기

정도의 항균력을 갖고 있고, 소금·설탕·꿀·된장·간장·고추장 등도 모두 항균력을 지닌다. 이런 수많은 천연물질을 다 조사할 순 없다. 자신이 가장 관심이 있는 것을 골라야 한다. 그래야 구체적인 탐구 대상을 확정할 수 있다.

이번에는 과일로 한정하자. 그런데 과일도 너무 많다. 사과, 배, 망고, 바나나, 딸기, 귤, 한라봉…. 이걸 다 실험할 수는 없다. 그러니 다시 한정하자. 예를 들어, 사과를 고른다면 "사과는 대장균에 항균 효과가 있을까?"라는 의문은 '무엇은 무엇에 효과(영향)기 있을까?'라는 의문인 셈이다. 그래서 '사과의 대장균 항균 효과에 대한 조사'라는 주제가 된다.

이왕 항균 효과 실험을 하는 거니까 자주 먹는 과일을 4가지 정도 골라도 좋다. 그렇게 되면 "사과, 배, 바나나, 딸기가 각각 대장균 항균 효과가 있는 건지, 만일 4가지의 과일 모두 대장균 항균 효과가 있다면 어떤 것이 항균 효과가 가장 좋을까?"라는 의문이 된다. 즉 '무엇은 무엇에 차이가 있을까?' 또는 '무엇은 무엇에 가장 좋을까?'라는 의문이다. 앞의 무엇은 '4가지의 과일'이고 뒤의 무엇은 '대장균 항균 효과'다. 이제 이 의문으로 주제를 만들면 '과일의 대장균 항균 효과 차이에 대한 실험조사: 사과, 배, 바나나, 딸기를 대상으로'가 된다.

학생들은 '천연물질의 항균 효과 조사'와 '과일의 대장균 항균 효과 차이에 대한 실험조사: 사과, 배, 바나나, 딸기를 대상으로'라는 주제가 얼마나 큰 차이가 있는지 잘 모를 수도 있다. 하지만 연구의 전문가인 대학교수나 입학사정관은 앞의 주제를 보고는 학생의 탐구활동이 어떤 것인지 이해할 수 없지만, 뒤의 주제는 무슨 탐구이며 얼마나 노력했을지, 그리고 학생의 과학적 탐구력 수준과 객관적 근거를 만들어 내는 능력을 쉽게 평가할 수 있어 높은 점수를 줄 수 있다. 평가자가 읽게 되는 주제와 탐구보고서의 제목이 평가의 90%를 좌우하기 때문이다.

이렇게 탐구활동이 구체적으로 어떤 것인지를 명확히 보여 주기 위해서, 그리고 탐구활동을 제대로 수행하기 위해서는 내가 '무엇'을 다루고 있는지 스스로 생각하고, 또 평가자에게 전달할 수 있어야 한다. 항균 효과, 사과, 대장균, 학습 집중력, 이산화탄소의 농도와 같이 '무엇'을 구체적으로 지칭하는 명사가 의문의 중심이 되어야 한다는 뜻이다.

아마도 눈치가 빠른 사람이라면 금방 알아차렸으리라 생각하는데, '무엇'을 중심으로 하는 의문은 의문 그 자체가 주제가 된다. 앞에서 "4가지의 과일은 대장균 항균 효과에 차이가 있을까?"라는

      나만의 탐구 주제 잡기

의문은 무엇을 그대로 살려서 '과일의 대장균 항균 효과 차이 조사'라는 주제가 되었다. 의문의 무엇을 그대로 가져와 '무엇의 무엇 조사', '무엇에 따른 무엇의 조사', '무엇의 무엇에 대한 차이 조사'라는 식으로 앞의 무엇과 뒤의 무엇을 정확히 나눌 수 있다면 아주 쉽게 주제를 만들 수 있다.

무엇은 이렇게 의문과 주제를 그대로 연결하는, 탐구활동에서 가장 중요한 역할을 한다. 하지만 탐구활동 이외에도 우리가 무엇을 중심으로 하는 생각 방법을 공부해야 할 이유는 너무도 많다. 우선 수업 시간에 배운 적이 있는 과학의 시작을 떠올려 보자.

과학은 흔히 고대 그리스의 철학자인 탈레스(Thales)가 주장한

세상 모든 것은 물로 이루어졌다는 '구성론'에서 시작되었다고들 말한다. 다시 말해 과학의 시작은 '무엇은 무엇으로 이루어져 있는가?'라는 구성 요소를 찾아내는 것에서 시작된 셈이다. 물, 불, 공기, 흙으로 세상이 이루어졌다는 '4원소론'도 그중 하나인데, 이후 과학은 '무엇과 무엇은 어떻게 다른가?', '무엇과 무엇은 어떤 관계가 있는가?', '무엇은 무엇에 어떤 또는 얼마나 영향을 미치는가?', '무엇이 바뀐다면 무엇도 바뀌는가?', '무엇을 개선하려면 무엇을 바꾸어야 하는가?', '무엇이 무엇에 가장 큰 영향을 미치는가?' 등의 의문에 답을 내오면서 발전해 왔다. '무엇'을 벗어난 과학적 연구는 거의 존재하지 않는다고 보면 된다. 그러니 평가자에게 과학적 탐구력을 보여 주어야 하는 탐구활동의 의문과 주제도 당연히 '무엇'을 중심으로 하는 것이어야만 한다.

그런데 사과, 학습 집중력, 대장균과 같이 의문에 '무엇'을 지칭하는 구체적인 명사가 들어가는 의문이 좋다는 걸 이해한다고 해서 금방 '무엇' 중심의 의문을 떠올리기는 쉽지 않다. 이럴 때는 쉽게 떠올릴 수 있는 의문에 중간 다리로 what의 또 다른 표현인 '어떤, 무슨'과 같은 단어를 넣어 연결해 보자. 예를 들면 다음과 같다.

"어떻게 하면 공부하기 좋은 교실을 만들 수 있을까?"

     나만의 탐구 주제 잡기

"공부하기 좋은 교실이란 **어떤 교실**을 말하는 거지?"

"아, 공부할 때 집중이 잘되는 교실이란 뜻이지."

"그럼 '어떻게 하면 집중력을 높일 수 있는 교실을 만들 수 있을까?'가 되네. 그런데 '어떻게 하면'의 요소가 너무 많지 않을까? 그 중에서 **어떤 것**을 다루고 싶어?"

"음, 난 공기가 답답하면 집중력이 떨어질 것 같아서 공기를 바꾸면 어떨까 해."

"교실의 공기 중 습도, 미세먼지, 이산화탄소 농도 등 여러 가지 중에 **어떤 것**?"

"난 이산화탄소 농도. 창문을 닫고 시간이 지나면 졸리고 답답해지잖아."

"그럼 이산화탄도 농도에 따라 집중력이 달라지는지 살펴보면 어떨까?"

'어떤, 무슨, 무엇'은 대략 영어로 하자면 'what kind of', 'what color', 'what type', 'what condition', 'what style' 등 모두 what과 연결되어 있다.

디자인 관련 학과에 지원하려는 학생들은 탐구보고서를 쓰려고 하니 막막하다. 디자인 쪽은 딱히 할 수 있는 게 없다고 생각해서

다. 하지만 이야기를 나누다 보면 디자인도 인문사회과학의 한 분야라는 걸 깨닫게 되고, 진로를 담은 탐구활동 주제를 잡을 수 있었다.

"어떻게 하면 사람들이 마음에 들어 하는 캐릭터를 디자인할 수 있을까?"

"캐릭터도 종류가 많은데, **무슨 캐릭터 디자인**을 말하는 건데? 게임, 패션, 아니면 뭐?"

"나는 게임 캐릭터 디자인에 관심이 있어."

"캐릭터 디자인도 여러 가지 요소가 있잖아. 색채, 얼굴과 몸의 비율, 사람형이냐 동물형이냐 등등. 넌 **어떤 디자인 요소**에 관심이 있다는 거야?"

"요즘 3D로 만든 캐릭터가 대세라고는 하지만 중·고등학생 중에는 픽셀이나 2D로 구현된 캐릭터를 더 좋아해서 모바일 게임 등에 일부러 이런 캐릭터 디자인을 많이 쓰곤 해. 그래서 요즘 친구들은 **픽셀, 2D, 3D 중에서 어떤 방식**으로 만들어진 캐릭터를 좋아하는지 궁금해. 나중에 내가 게임 회사에서 일하게 될 때도 참고할 수 있을 것 같고."

"괜찮을 것 같은데. 그러니까 우리는 '게임 캐릭터의 표현 방식'

    나만의 탐구 주제 잡기

을 픽셀, 2D, 3D 이렇게 3가지로 나눈 다음 친구들에게 보여 주고 **어떤 것**이 가장 마음에 드는지 물어보면 되겠네.”

“그래. 그렇게 하면 될 것 같아. 그런데 각 표현 방식마다 다른 캐릭터를 사용하면 안 될 것 같아. 그러면 표현 방식에 따라 차이가 있는 게 아니라, 캐릭터가 더 예쁜 쪽을 선택할 테니까. 그러니까 캐릭터 자체는 동일한 것을 사용하고, 다만 표현 방식만 다르게 해서 조사를 하는 게 어떨까?”

“그럼 우리 주제는 ‘게임 캐릭터의 픽셀, 2D, 3D의 표현 방식에 따른 청소년의 선호도 조사’가 되겠네.”

“이왕 설문조사를 할 건데, 마음에 드냐 아니냐만 물어보면 한두 문항밖에 되지 않아서 아깝지 않니? 설문조사를 구글폼으로 할 건데 다른 것도 물어보자. 표현 방식이 다를 때 ‘강하게 보인다’나 ‘부드러워 보인다’처럼 뭔가 이미지도 다르게 느낄 것 같으니까 이미지의 차이도 물어보면 어떨까?”

“좋아, 좋아. 그럼 주제를 ‘게임 캐릭터의 픽셀, 2D, 3D의 표현 방식에 따른 청소년의 선호도와 이미지 차이 조사’라고 하자.”

요즘은 인문사회과학, 자연과학의 구분 없이 교차 지원을 할 수 있어서 예전과는 다르게 탐구활동 팀을 구성할 때 문·이과 지향 학생들이 섞이기도 한다. 생명공학과, 교육학과 그리고 경영학과를 지망하는 세 학생으로 구성된 팀도 그런 경우다. 서로 다른 분야에 관심이 있으니 다양한 아이디어가 나올 수 있고, 서로 가지고 있는 정보와 지식이 다르니 도움을 받기도 한다.

"우리가 지망하는 학과가 달라서 어떤 의문으로 해야 할지 감이 잘 안 잡히네."

"그래도 우리 경험이나 주변에서 의문을 가져오는 게 좋으니 일단 아무 이야기나 해 보자."

"아, 며칠 전에 엄마 친구분이 공부하는 데 도움이 될 거라면서 천연 향초 세트를 주셨어. 기분이 차분해지고 머리도 맑아지는 효과가 있어서 공부할 때 도움이 될 거래. 아주머니 아들도 작년에 고3이었는데 효과가 있었다면서."

"그래서 어때? 효과가 있는 것 같아?"

"나쁘진 않은 것 같아. 하지만 향초 때문에 머리가 맑아질 거라고 생각해서 그런지도 몰라. 플라시보 효과라고나 할까?"

"어떤 향이야?"

"약간 라벤더 향이 강한 것 같아."

"그럼 이런 건 어떨까? 지금 냄새나 향기가 공부하는 데 도움이

된다는 이야기를 하다 보니 생각난 건데, 과연 향초가 이런 효과가

있는지를 알아보는 주제 말이야."

"아무것도 없는 것보다는 그래도 뭔가 향기가 있으니 조금이라

도 도움이 되지 않을까? 너무 당연한 걸 알아보는 탐구가 될 것도

같은데…."

"흠, 그렇기도 하네. 그럼 이건 어때? 각각 다른 향을 맡을 때, 어

떤 향이 가장 공부에 도움이 되는지."

"그러니까 **많은 향 중에서 어떤 향**이 가장 효과가 있는지 알아보

는 것 말이지?"

"그래. 기왕이면 천연 향이 좋겠어. 지금 내가 인터넷에서 검색

해 보니까 공부할 때는 허브향이 좋대. 특히 로즈마리, 페퍼민트,

레몬그라스가 좋다고 하는데."

"그럼 우리 **그 3가지 중에서 어떤 허브향**이 가장 공부에 도움이 되

는지를 주제로 탐구해 보면 어떨까?"

"그런데 '공부에 도움이 된다'는 건 어떻게 데이터를 만들어 내

지? 객관적 근거가 되려면 각각의 허브향을 맡고 나서 뭔가 점수가

다르다는 걸 제시하면 좋을 것 같은데. 공부에 도움이 된다고 하면

암기력, 이해력, 집중력, 몰입도 등 뭔가 많을 것 같아."

"아, 그러네. 그럼 일단 암기력으로 하면 어떨까? 아니 이해력

도 좋을 것 같네. 일단 **그중 어떤 것**을 점수로 할지 정해야 하지 않을까?”

“이러면 어떨까? 7명 정도 모아서 교실에 허브향을 피우고 친구들에게 책을 읽게 하는 거지. 한 20분 정도. 그러고 나서 읽은 내용을 얼마나 잘 암기하는지 물어보고 점수를 내는 거야.”

“괜찮을 것 같은데. 그럼 ‘허브향에 따른 암기력의 차이 조사’를 일단 임시 주제로 정하고 더 자세히 알아보자.”

“잠깐만. 암기력을 물어보는 것도 좋지만, 허브향이 만약 심신 안정을 유발하면서 공부에 도움이 된다면 심장박동이나 혈압 같은 것도 편안한 수준으로 만들어 주지 않을까? 이런 것은 생명공학과도 연결이 될 듯하고.”

“그것도 괜찮겠네. 그럼 **그중 어떤 걸** 측정해 볼까?”

“혈압보다는 맥박수가 좋지 않을까? 이건 요즘 스마트폰으로도 간단히 측정할 수 있잖아.”

“오케이. 그럼 ‘허브향의 종류에 따른 맥박수의 차이 조사’도 임시 주제에 넣어 두자. 생각해 보니까 이건 책을 읽는 동안 맥박수가 얼마나 변화하는지를 관찰하는 게 더 나을 듯하니 ‘허브향의 종류에 따른 독서 중 맥박수의 차이 조사’라고 하는 게 더 나을 것 같아.”

   나만의 **탐구 주제 잡기**

어떤 의문이든 처음부터 구체적인 '무엇'을 생각하긴 어려울 수 있다. 이럴 때는 대략적인 의문을 떠올린 다음 '그중에 어떤'이라는 의문을 통해 커다란 덩어리를 잘게 쪼개면서 의문을 좁혀 나가면 자연스럽게 구체적인 대상을 찾아낼 수 있다. '어떤 것'인지가 정해진다면 이걸 '어떻게 측정'할지도 함께 고민하는 것이 바람직하다.

왜(why)를 무엇(what)으로 바꾸자!

학생들이 많이 가져오는 의문인 '왜' 중심의 의문은 빨리 '무엇' 중심의 의문으로 바꾸어야 한다. 그렇지 않으면 그냥 검색 보고서를 쓰게 되는 결과를 초래하여 대학 입시에서 높은 평가를 기대할 수 없다. 그런데도 학생들은 '왜' 중심의 의문을 가져올까? 한 학생이 이렇게 말한다.

"뉴턴이 사과가 떨어지는 것을 보고 '왜 사과는 아래로 떨어지는 걸까?'라고 생각했고, 저는 이 의문이 과학사에서 가장 위대한 의문이라고 생각해요. 위대한 과학자도 사용한 의문을 왜 저희는 쓰지 않는 게 좋은 건가요?"

나만의 탐구 주제 잡기

타당한 말이다. '왜'가 붙은 이 위대한 의문이 과학을 발전시켰는데 그렇게 하지 말라고 하니 학생은 조금 답답하고 이해가 안 되는 모양이다. 하지만 학생이 모르는 것이 있다. 뉴턴이 실제로 이런 의문을 가졌는지는 불분명하며, 그가 스스로 이런 의문을 가졌다고 직접 밝힌 적도 없다. 굉장한 메모광이었던 뉴턴이기에 엄청난 양의 메모가 남겨져 있는데, 유감스럽게도 그중 어디에도 '사과'란 단어는 존재하지 않는다. 따라서 사과나무 일화는 실제 사건이 아니고 창작된 이야기일 가능성이 크다고 학자들은 보고 있다. 사과나무 일화는 뉴턴의 전기 작가가 쓴 책에 담겨 있을 뿐이다.

사과나무 일화가 사실이 아니라 해도 "왜 사과는 아래로 떨어지는 걸까?" 하고 아무도 신경 쓰지 않았던 너무나도 당연한 일상에 의문을 가졌다는 점은 현대 과학을 연구하는 사람들이 지녀야 할 바람직한 태도가 아닐 수 없다. 그렇다고 해서 '왜' 중심의 의문이 과학적인 의문이 아니냐고 하는 건 이야기가 다르다.

자, 뉴턴이 사과가 떨어지는 이유가 궁금했다고 하면 어떤 답을 상상할 수 있을까? 우선 사과가 충분히 익었기 때문이다. 사과 열매의 무게가 무거워져서일 수도 있다. 아니면 사과 꼭지가 약해져서 그럴 수도 있다. 바람이 불었을 수도 있고, 우연히 떨어질 수도 있다. 이렇게 답이 많으면 모든 답의 가능성을 찾아봐야 하는 것이 과학자다. 앞에서 '왜' 중심의 의문이 과학에 적당하지 않은 이유를 설명할 때 '답이 너무 많아서'라고 했는데, 뉴턴이 모든 가능성에 답하려면 식물학자, 환경공학자, 수학자, 물리학자, 통계학자의 정보와 지식을 갖추어야 한다. 너무 힘들다. 그래서 아마도 뉴턴은 '왜 사과는 아래로 떨어지는가?'라는 의문을 가지지 않았을 것이다.

일화에서 중요한 것은 그냥 떨어지는 것이 아니라 '수직으로 아래로' 떨어진다는 점이다. 전기에 담긴 뉴턴의 의문은 "왜 수직으로 떨어지는가?"였다. 그럼 사과의 숙성도나 바람과 같이 나뭇가지에서 사과를 떼어 내는 힘은 관련이 없으니 답에서 제외되어야 한다. 남은 것은 '가지에서 분리된 사과 한 알이 왜 그 방향(밑)으로 움직이는가'라는 의문이다. 그리고 그 답은 '뭔가의 힘이 작용하고 있을 것이다'가 된다. 다시 말해 이미 물리학 연구를 통해 어렴풋이 만유인력에 대해 구상하고 있던 뉴턴은 '왜 사과는 아래로 떨어질까?'가 아니라 "무슨 힘이 사과를 아래로 끌어당기고 있는 것일까?"라는 의문을 가졌을 것이다. 그래야 그 답은 '인력이다'라고 할 수 있다. '무엇일까?'라는 의문에 '무엇이다'라고 답하는 것이

　　　　　　나만의 탐구 주제 잡기

올바르다. 물체를 움직이는 많은 힘 중에서 과연 어떤 힘이 아래로 끌어당기느냐를 알아낸 일화라고 한다면 뉴턴은 '무엇' 중심의 의문을 떠올렸음이 틀림없다. 뉴턴은 이유를 알고 싶었던 것이 아니라 이미 힘의 존재를 가정하고 있었는데, 그 힘이 실제로 존재하는가를 밝히고 싶었던 것이다.

이렇게 뉴턴의 이야기를 길게 쓴 이유는 '왜'가 아닌 '무엇'을 중심으로 생각하려면 자신의 의문과 관련해서 조금이라도 정보와 지식이 필요하다는 이야기를 하기 위해서다. 뉴턴은 아무 생각이 없던 사람이 아니라 이미 물리학과 수학, 광학 분야 연구에서 뛰어난 성과를 냈던 사람이다. 그래서 그는 다양한 힘의 존재는 물론, 이 힘의 존재를 증명할 수 있는 수학적 능력도 지니고 있었다. 그러니 막연하게 '왜'라고 의문을 갖지 않고 '무엇'이라고 의문을 가질 수 있었다.

"왜 밥을 먹으면 졸린 걸까?"는 식사와 졸음과 관련된 어떤 정보도 지식도 없으니 떠오르는 순수하고 순진한 의문이다. 만일 조금이라도 정보나 지식이 있다면 이런 단순한 의문은 떠올리지 않고 다음의 의문인 "그럼 졸음을 피하려면 어떻게 하는 것이 좋을까?"라는 의문으로 넘어갈 것이다. 하지만 이것도 정보와 지식이 있다면, 다시 말해 졸음의 원인을 한 가지라도 명확히 알고 있다면 이것을 피하는 방법을 생각하면 된다. 식사 후 졸음이 오는 이유를 검색해서 '소화를 위해 뇌로 가는 혈류가 줄어들고, 부교감신경계가 활성화되며, 혈당이 급격히 변하기 때문'이라는 것을 알았다면, "졸음을 피하려면 어떻게 하면 좋을까?"가 아니라 "혈당이 급격히 변하지 않는 식사는 무엇일까?"라는 의문을 고민해야 한다. 이것이 과학자의 의문 방식이다.

탐구활동도 마찬가지다. 비록 처음에는 '왜'라는 순수한 의문으로 시작했어도 검색 등의 방법을 통해 정보와 지식을 얻어 가면서 최종적으로는 '무엇'이라는 의문으로 탐구가 시작되어야 한다. "왜 우리나라는 횡단보도 사고율이 높을까?"라는 순수한 의문에서 시작하더라도 "그럼 횡단보도의 **어떤 요소**가 사고율과 관계가 있을까?"로 바꿔 보고, "횡단보도의 색깔이 운전자의 눈에 잘 보이지 않아서 사고율과 관계가 있다면 다른 색으로 칠한다면 사고율은 떨어질까?"로 바꿔 보고, "그럼 횡단보도의 색깔이 **무슨 색**일 때, 운전자 눈에 가장 잘 보일까?"라는 '횡단보도 색에 따른 운전자 시인성 차이에 대한 조사'라는 주제가 될 수 있다. 앞의 무엇은 '횡단보도 색', 뒤의 무엇은 '운전자 시인성'이라는 의문으로 주제가 결정되는 것이다.

'어떻게(how)' 중심의 의문도 마찬가지다. "광고를 어떻게 만들면 사람들은 제품을 사고 싶다는 마음이 더 들까?"라는 의문을 가지게 되었다 하자. 마케팅에 관심이 있어서 경영학과나 소비자 관련 학과, 또는 커뮤니케이션 관련 학과에 지원하려는 학생이라면 충분히 관심이 가는 의문이다. 그럼 이 의문을 가지고 '좋은 광고를 만드는 방법에 대한 조사'라는 주제로 발전시킬 수 있을까? 그럴 순 없다.

광고는 TV 광고, 인터넷 광고, 라디오 광고, 신문 광고, 포스터 광고, 전단지 광고 등 매체에 따라 아주 다양하게 구분된다. 그럼 **이 중 무엇**을 하고 싶은가? 학생들은 전단지 광고를 선택했다. 자, 그럼 광고에서 알리고 싶은 제품이나 가게의 종류는 무엇인가? 길에서 나눠 주는 전단지를 떠올려 보니 학원, 미용실, 피자집, 카페, PC방 등의 광고가 떠올랐다. 그중에서 **어떤 것**을 선택할지 토론을 해서 팀원들은 고등학생도 관심이 있는 피자집 광고로 결정했다.

그럼 피자집 전단지 광고에는 어떤 요소가 담겨 있나를 생각해 보자. 피자 이미지, 모델, 배경색, 가게 이름, 가격 그리고 장점을 알리는 문구(카피) 등 여러 가지가 있을 것이다. 학생들은 이 중 **어떤**

것을 대상으로 탐구해 볼까 이야기를 나누다가 광고 모델이 좋겠다고 의견을 모았다. 그럼 모델의 어떤 특성을 탐구하는 것이 좋을까? 피자집을 방문하고 싶게 하려면 아무래도 여성 모델이 남성 모델보다 나을 것 같으니 모델의 성별에 따른 차이를 조사하자는 의견도 있었고, 반드시 사람일 필요가 없을 것 같으니 모델로 동물과 사람 중 어느 쪽을 내세우는 것이 더 효과적일지 알아보자는 의견도 있었다. 하지만 피자를 좋아하는 한 학생이 말했다.

"피자는 혼자서 먹기보다는 가족이나 친구들과 함께 먹는 경우가 많잖아. 그런데 피자헛이나 도미노피자 광고를 보면 모델이 한 명만 나오는 광고가 많아. 실제 먹는 사람들과 광고 모델이 좀 다른 것 같아. 그래서 난 모델이 한 명인 경우와 가족인 경우를 비교해서 **어떤 모델**의 광고가 더 피자집에 가고 싶게 만드는지 궁금해."

의견을 모아 보니 결국 "1인 모델, 2인 모델, 4인 가족 모델이 등장하는 피자 판매점 전단지 광고가 있을 때, 소비자는 어떤 모델 유형의 광고에 더 좋은 반응을 보일까, 반응의 차이는 있는 걸까?"라는 의문으로 구체화할 수 있었다. '무엇은 무엇에 차이를 발생시킬까?'라는 의문으로 정리해 보면 앞의 무엇은 '전단지 광고 모델

   나만의 탐구 주제 잡기

유형'이고 뒤의 무엇은 '광고 효과 반응'이니 이를 줄여서 표현하면 "전단지 광고 모델 유형에 따라 광고 효과 반응의 차이가 있을까?"라는 의문이라 할 수 있고, 주제로 바꾸면 '전단지 광고의 모델 유형에 따른 청소년 소비자의 반응 차이에 대한 조사'가 된다.

이 학생들은 이미지 생성 AI를 활용해 피자 이미지, 배경색, 문구 등은 모두 같지만, 모델만 남성 한 명, 커플 그리고 부부와 2명의 자녀가 등장하는 3가지 광고를 만들었다. 조사는 구글폼의 링크를 3개를 만들어 각각 모델 유형 중 하나만을 보여 주도록 했고, 각 모델 유형 광고를 본 응답자들은 '광고를 보고 나서 피자가 맛있어 보이는가?'와 같은 피자의 맛과 품질에 대한 것을 묻는 문항과 '광고를 보고 나서 피자 매장을 방문하고 싶은가?'와 같은 매장 방문 의도, 피자 구매 의도, 매장 선호도, 매장 인지도 등의 광고 효과에 대한 문항을 물어보았다.

이제 탐구활동에 가장 바람직한 의문에 대한 내용을 정리해 보자.

1. 주변과 일상의 의문

우선 주변이나 일상에서 당연하다고 여겼던 것을 당연하지 않을 수도 있다고 생각하고 "대체할 수 있는 것은 없을까?"에 대한 의문을 던져 보는 연습을 해 보자. 이런 연습을 통해 주제의 독창성을 확보할 수 있다.

2. '왜' 중심 의문의 검토

원인과 이유에 대한 의문은 이미 답이 나와 있지만 학생이 아직 찾아보지 못한 경우가 대부분이다. 10분 정도만 시간을 내서 검색하고 해결되었다면 그 의문은 버리자. 원인과 이유를 밝히기 위해서는 대학원이나 연구기관 수준의 정보나 지식, 또는 실험 환경이 필요하다. 관련 교과 선생님에게 의문을 가져가서 여쭤보고 고등학생 수준에서는 불가능하다는 답변을 받았다면 의문을 버리거나 '무엇' 중심 의문으로 바꾸자.

3. '어떻게' 중심 의문의 검토

발전 방안, 개선 방안 등을 도출하는 의문은 가능하면 다루지 않는 것이 바람직하다. 이런 의문은 이유와 원인을 파악하고 나서 방안을 도출해야 해서 고등학생이 다루기에는 벅차다. 바꾸기 어렵다면 버려야 한다.

　　　　　　　　나만의 **탐구 주제 잡기**

4. '무엇' 중심 의문으로 바꾸기

과학적 탐구에는 기본적으로 구체적인 대상이 필요하다. '무엇', '무슨', '어떤' 등의 의문은 막연한 의문을 구체적인 대상으로 좁히는 데 도움이 된다. '왜'나 '어떻게' 중심의 의문도 버리기 전에 '무엇' 중심 의문으로 전환할 수 있는지 검토해 보자. 처음부터 '무엇'을 중심으로 하는 의문을 떠올리는 연습을 해 둔다면 의문을 전환하는 노력을 하지 않아도 되니 평상시 익혀 두도록 하자. '무엇은 무엇에 이떤 영향을 미치는가?', '무잇(들)은 무엇에 차이가 있는가?', '무엇과 무엇의 관계는 어떠한가?', '무엇을 바꾸면 무엇도 달라지는가?'와 같은 형식으로 의문을 다듬어 보도록 하자. 가능하면 앞과 뒤에 무엇이 하나씩 들어가도록 구성한다.

당장 활용할 수 있는
의문과 주제 형식

사실 과학적 탐구에 적절한 의문 형식은 어느 정도 정해져 있다. 그래서 의문을 충분히 연습할 시간이 없다면 지금 당장 탐구활동에 적용할 수 있는 의문 형식을 활용하도록 하자. 의문 형식은 그대로 주제의 형식이 된다. 의문과 주제의 형식은 다음의 4가지로 요약할 수 있다.

① 무엇에 대한 실태와 인식, 현상은 어떠한가?

② 무엇은 무엇에 영향을 미치는가?/무엇은 무엇에 효과가 있는가?

③ 무엇과 무엇이 있는데, 각각 무엇에 차이가 있을까?/무엇들이 있는데, 무엇에 미치는 영향은 각각 다를까?

④ 무엇과 무엇은 상관관계가 있을까? 있다면 어떤 상관관계일까?/무엇과 무엇의 관계는 있을까? 있다면 어떤 관계일까?

4가지 의문 형식 모두 '정말 그럴까?'를 알아보려는 것

어떤 의문이든 '무엇'을 중심으로 하는 의문이 좋으니 가능하면 처음부터 '무엇'을 중심으로 하는 의문을 떠올리는 연습을 해 두면 좋다. 이 책의 첫 사례로 소개했던 '습도와 고등학생 학습 태도의 관계 조사'를 다시 떠올려 보자. 강의 마지막에 학생이 손을 들고 말했던 의문은 "날씨가 궂으면 공부하기 싫어지는데, 이걸 확인해 보고 싶어요"였다. 이 학생의 의문에는 '왜', '어떻게'가 들어 있지는 않지만, "왜 날씨가 궂으면 공부하기 싫어지는지 알고 싶어요." 라는 원인과 이유에 대한 의문을 가질 수도 있었고, "어떻게 하면 궂은 날씨에 공부하기 싫어지는 마음을 극복할 수 있을까요?"라는 해결 방안에 대한 의문도 가질 수 있었다. 그런데 과학적으로 생각해 보자.

원인이나 이유를 따진다는 건 그것이 사실인 경우에만 해당한다. 무슨 말이냐 하면, '날씨가 궂으면 공부하기 싫어진다.'가 사실로 밝혀지면 그다음에 '왜?'라고 의문을 가진다는 말이다. 해결 방안도 마찬가지다. 궂은 날씨엔 공부하기 싫어지는 문제가 확실하니 이것의 해결 방안을 마련해야 한다. 그러니 아직 사실로 판명되지도 않은 것에 우리는 '왜?'라고 묻지 않고, 사실이 아닌데 해결 방안을 마련하는 바보 같은 짓은 하지 않는다. 그럼 아직 사실로 밝혀지지 않았거나, 내가 아직 사실이라고 파악하지 못한 것에는 어떤 물음을 던질까? 바로 "정말?"이라는 물음이다.

앞에서 4가지의 의문 형식을 말했는데, 이 의문 형식이 실제로 알고 싶은 것은 '정말?'에 대한 답이다. 예를 들어, "우리나라 청소년의 결혼과 육아에 대한 인식은 어떠한가?"라는 의문 뒤에는 "우리나라 청소년은 결혼이나 육아에 부정적인 인식을 갖는 경향을 보인다고 하는데, 정말 그럴까?"라는 의문이 깔려 있다. "벌꿀은 항균 효과를 갖고 있을까?"라는 의문은 "설탕도 항균 효과가 있다고 들었는데, 그럼 설탕보다 단맛이 나는 벌꿀도 항균 효과를 지니고 있을까? 정말 그럴까?"를 알고자 하는 마음이 깔려 있다. "숏폼 콘텐츠 이용 시간과 집중력은 어떤 관계일까?"라는 의문의 배경

   나만의 탐구 주제 잡기

에는 "숏폼을 많이 보는 학생은 긴 영상을 보지 못하고 쉽게 집중력이 떨어진다고 하는데, 정말 그럴까?"를 확인하고자 하는 의식이 있다. "다른 나라 경우를 참조해 보니 횡단보도를 흰색, 노란색, 분홍색으로 칠할 수도 있는데, 어떤 색이 운전자의 눈에 가장 잘 들어올까?"라는 차이를 알아보고 싶은 의문은 "다른 색깔로 칠하면 오히려 눈에 잘 들어와서 사고가 감소할 듯한데, 정말 그럴까?"라는 의문과 사실 같다.

"정말 그럴까?"는 확신이 없을 때 생기는 자연스러운 의문이다. 그래서 우리는 확신을 갖기 위해 탐구를 하고 나름의 결론을 내려 한다. 탐구활동은 바로 이 '정말 그럴까?'를 스스로 확인하는 작업이라고 생각하면 된다.

그래서 앞에서 말한 4가지 의문 형식이 아니라고 해도 '정말 그럴까?'를 확인하는 의문이라면 모두 탐구활동의 의문이 되고, 주제가 될 수 있다. 예를 들어, "나는 컴퓨터 프로그래밍을 좀 할 줄 알고, 3D 프린터도 다룰 줄 알고, 로보틱스에도 관심이 있어서 간단한 로봇팔을 동아리 활동에서 만들어 본 적이 있어. 그럼 내 경험과 능력을 발휘해서 뭔가 사회적으로 의미 있는 로봇팔 프로그램을 만들어 보면 어떨까? 내가 정말 이걸 할 수 있을까?"라는 자신의 능력을 확인하는 의문도 괜찮다. 컴퓨터 관련 학과와 기계공학과에 지원하려는 두 학생은 팀을 이루어 '발음의 입술 형태 학습을 통한 청각장애인용 수어 커뮤니케이션 로봇팔 제작'이라는 탐구활동을 하고 탐구보고서를 작성했다.

그러니 만일 여러분의 능력을 충분히 발휘할 수 있는 의문이 있다면 '정말 그럴까?'뿐 아니라 '정말 할 수 있을까?'에 도전해 보는 것도 좋다. 탐구보고서는 제작보고서와 성격이 다르니 사회적인 의미를 분명히 드러낼 수 있거나, 누가 보아도 학생들이 학문적 정보와 지식을 활용하고 축적하는 기회로 탐구활동을 수행했다고 인정되는 제작물이어야 한다. 가끔 시판되는 키트를 구입하여 조립하고, 이 제작물이 잘 움직이는가를 확인하려는 학생들이 있는데, 이런 것은 탐구활동이라 할 수 없다.

자, 그럼 본격적으로 4가지 의문 형식을 알아보고, 효율적으로 의문을 만들고 주제로 발전시키는 방법을 배워 보자.

❶ 실태, 인식, 현상
: 무엇에 대한 실태는 어떠한가?

약학과와 화학과를 지망하는 학생들은 제약과 관련된 주제로 실험하는 탐구활동을 하고자 했지만, 실험실 환경이 여의치 않았다. 그래서 이런저런 의문을 이야기하다가 얼마 전 오래된 약을 제대로 버리지 않고 그냥 쓰레기통에 버리거나 변기에 버리면서 토양오염이나 하천오염 등이 발생한다는 기사를 읽었던 기억이 떠올랐다.

"병원에서 처방받아 먹다가 남은 약들이 집에 있어요. 그런데 약도 유통기한이 있더라고요. 너무 오래된 약은 먹지 말고 버리는 것이 좋은데, 마구 버리면 문제가 된다고 해요. 방금 인터넷으로 찾아보니 약국, 보건소, 행정복지센터 등 지정된 폐의약품 수거함에 분리배출해야 한다고 하네요. 그런데 정말 이렇게 하는 사람들이 있을까요? 사람들은 오래된 약을 어떻게 폐기하는지 궁금해요.”

이 학생들이 궁금한 것은 ‘유통기한이 지난 약을 어떻게 폐기하고 있는지, 올바른 폐기 방법은 알고 있는지, 알고 있다면 왜 그렇게 하지 않는지, 만일 몰랐다면 어떻게 관련 정보를 알려 주면 좋을지’ 등의 의문이었다. 이런 의문을 모아서 약의 폐기와 관련된 실태와 사람들의 인식을 물어보는 조사를 하면 좋겠다는 생각을 했다. 주제는 ‘유통기한 경과 약의 폐기 실태와 인식에 대한 조사’라고 정했다. 조사 결과를 토대로 탐구보고서에는 어떻게 하면 소비자에게 올바른 폐기 방법을 잘 전달할 수 있을지에 대한 시사점도 적어 보기로 했다.

실태, 인식, 현황에 대한 조사는 뉴스에서 많이 접할 수 있다. 예를 들어, ‘우리나라 흡연 실태와 인식 조사’라고 하면 몇 퍼센트의 흡연자가 있고, 흡연에 대해 부정적으로 생각하는 사람은 몇 퍼센트이고, 금연하겠다고 생각하는 사람은 몇 퍼센트인가 등을 다루는 기사를 심심찮게 만날 수 있다. 실태와 인식 조사는 주로 설문조사로 하게 되는데, 구글폼이나 네이버폼을 사용하면 학생들에게도 간단하게 설문조사를 할 수 있고, 결과 그래프도 자동으로 제공하니 풀어내기에 큰 어려움은 없는 의문 형식이다.

학생들이 어떤 것에 대한 실태와 인식, 현황을 궁금해하는지 사례를 보자.

고등학생의 인터넷 전문은행 이용 실태와 인식 조사

"금융에 관심이 있는데, 학생들이 인터넷 전문은행에 대해 얼마나 알고 있는지, 그리고 얼마나 이용하고 있는지, 이용하고 있다면 어떤 금융 상품을 이용하고 있는지, 이용하지 않는다면 그 이유는 무엇인지, 그리고 일반 은행과의 차이를 어떻게 느끼고 있는지 알아보고 싶어요."

청소년의 수면 시간과 수면의 질 실태 조사

"요즘 스마트폰 이용이 늘면서 자는 시간이 줄어서 그런지 학교에서 조는 학생이 많아진 것 같아요. 그러다 보니 집중력도 떨어지는 것 같고. 그래서 친구들은 평소 몇 시간 자는지, 자기 전에는 무엇을 하는지, 충분한 수면 시간은 얼마라고 생각하는지 등을 좀 조사해 보면 어떨까요?"

학교 앞 전단지와 홍보물 번들 효과에 대한 실태와 인식 조사

"처음에는 '글로벌기업의 마케팅 전략 분석'을 하려 했는데, 강

의를 듣고 보니 마케팅에 대해 아무것도 모르는 저희가 다루기에
는 적절하지 않은 것 같아요. 주변에서 뭔가 마케팅과 관련된 것이
있나 이야기하던 중 학원, 미용실, 패스트푸드점 전단지 이야기가
나왔어요. 전단지도 마케팅 활동인데 보지도 않고 그냥 버리는 친
구들이 많거든요. 전단지와 함께 볼펜이나 티슈를 함께 주기도 하
는데, 어떤 것을 받았을 때 더 관심이 있었는지도 궁금하고요. 그래
서 전단지를 얼마나 읽어 보는지, 어떤 내용일 때 읽어 보는지, 어
떤 걸 끼워 주면 더 좋아하는지 같은 것을 물어보고 싶어요."

인터넷 ID와 비밀번호 자동저장 기능에 대한
청소년 이용 실태와 인식 조사

"컴퓨터와 소프트웨어에 관심이 있어서 관련 학과에 지원하고
싶은데, 뭔가 딱 떠오르지 않았어요. 그러다가 개인정보보호와 관
련된 이야기가 나왔는데, 요즘 사이트에 방문해서 ID와 비밀번호
를 입력하면 자동으로 저장하겠냐는 창이 뜨잖아요. 저장해 두면
다음에는 일일이 입력하지 않아도 되니 참 편하긴 한데, 왠지 내 정
보가 유출될 수도 있다는 걱정도 있거든요. 그래서 얼마나 자동저
장 기능에 대해 알고 있고, 이용하고 있는지, 보안에 대한 걱정을
한 적은 없는지 등을 물어보고 싶어요."

고령자의 물리치료 이용 실태와 인식 조사

"이 친구는 물리치료학과에, 저는 간호학과에 지원하려고 해서 뭔가 환자와 관련된 주제를 정하고 싶어서 이야기를 해 보았어요. 그러다가 저희 할머니가 병원에서 물리치료를 받으시는 걸 떠올리고는 할머니께 여쭤봤거든요. 왜 그렇게 자주 가시냐고, 많이 아프시냐고. 그랬더니 국민건강보험이 적용되어서 싸고, 안마받듯이 기분이 좋아서 할머니 친구분 중에는 매일 30분씩 받으러 가시는 분도 있대요. 마침 이 친구가 물리치료학과에 가고 싶어 하기도 해서 정말 비용 때문에 가는 건지, 가는 이유는 뭔지, 얼마나 이용을 하는지, 어떤 병원을 이용하는지 등이 궁금했어요."

실태와 인식에 대한 조사는 대부분 설문조사를 통해 이루어지지만, 의문에 따라서는 현장에서 실태를 조사해야 한다. 예를 들어, 횡단보도에 그려져 있는 화살표에 따라 보행자들이 우측보행을 얼마나 잘 지키는지 등의 실태를 파악하려면 횡단보도를 건너는 사람 중에 몇 퍼센트의 사람이 우측보행을 하는지 실제로 관찰해서 데이터를 얻는 것이 가장 좋다. 물론 학생들에게 "평소에 얼마나 횡단보도 화살표를 보고 우측보행을 지키고 있습니까?"라고 물어보는 설문조사를 통해서 데이터를 얻을 수도 있다.

   나만의 탐구 주제 잡기

사회복지학과에 지원하려는 학생들로 구성된 한 팀은 지역의 사회복지 시스템이 얼마나 잘 갖춰져 있는지에 관심이 있어서 다음과 같은 의문을 가지고 탐구활동을 시작했다.

○○지역 공공기관의 배리어프리 도입 실태 조사

"저희 3명은 모두 사회복지학과를 지망하는데, 주제를 잡으려고 함께 모여 검색을 하다 '배리어프리'라는 걸 알게 되었어요. 장애인 및 고령자, 임산부 등 사회적 약자의 사회생활에 지장이 되는 물리적인 장애물이나 심리적인 장벽을 없애자는 운동으로, 일반적으로 계단 대신 경사로를 만든다든지, 복도에 손잡이를 설치한다든지, 장애인 화장실을 설치하는 것 등을 말해요. 우리 주변을 살펴보면 잘되어 있는 듯한데, 혹시 미흡한 부분은 없는지 저희가 직접 눈으로 확인해 보고 싶다는 이야기를 했어요. 모든 건물을 다 조사할 순 없으니까 우체국, 보건소, 군청과 같은 몇 개 공공기관만 우선 조사해 보면 어떨까 해요. 선생님께 말씀드렸더니 사전에 점검표를 만드는 것이 좋다고 하셔서 점검표 목록을 우선 만들어 보려고요."

실태와 인식, 현황에 대한 의문은 다른 의문 형식에 비해 비교적 탐구하기 쉬운 편이고, 실태를 알고 싶은 대상은 무엇이든 주제가 될 수 있다. 어떤 학생들은 "용돈을 둘러싸고 청소년과 부모님 간 갈등이 분명 있을 텐데, 어떤 갈등이며, 원인은 무엇이고, 갈등을 극복하기 위해서 어떻게 했으면 좋을지 등을 물어보고 싶어요."라고 이야기했다. 이 경우 '용돈에 대한 청소년과 부모 간 갈등'이 알아보고 싶은 대상이다.

실태 관련 의문은 주제로 발전시키기 쉽다는 장점이 있지만, 단점 또한 명확하다. 바로 학문적인 가치나 의의가 다른 의문 형식에 비해 약하고, '탐구활동을 통해 최종적으로 무엇을 이야기하고 싶은가?'가 뚜렷하지 않다는 점이다. 그래서 만일 실태 조사로 탐구활동을 하고 싶을 때는 "도시 지역과 농촌 지역의 공공기관을 비교해 보면 과연 배리어프리 도입 실태가 다를까? 역시 도시 지역이 더 많이 도입되어 있을까?"와 같이 의문 형식 '❸차이'를 강조하는 의문으로 발전시키는 것을 추천한다.

'❶실태, 인식, 현상' 관련 의문으로 탐구활동을 시작하기 전에 다음을 검토해 보는 것도 좋다. 단 '꼭 이런 실태와 인식을 알고 싶다'라고 한다면 학년이나 기간은 고려하지 않아도 된다.

1. 몇 학년인가

1학년은 탐구활동을 할 수 있는 몇 번의 기회가 더 있으니 일단 실태와 인식 조사를 해 보고, 이 조사에서 찾아낸 이상한 점이나 문제점이 있다면 그걸 다음 탐구활동에서 확인하고 풀어낼 수 있다. 2학년과 3학년이라면 조금 더 학문적 가치나 의의가 있는 의문과 주제를 다루는 것이 좋다.

2. 탐구 기간은 어느 정도인가

실태와 인식 조사는 설문 문항도 쉽게 만들 수 있고, 조사에 참여해 주는 학생들에게도 큰 부담이 없다. 게다가 논문이나 보고서 등의 선행연구를 많이 살펴보지 않아도 되고, 가설이나 모형 등을 생각하지 않아도 된다. 따라서 2주 이내로 끝나는 탐구활동에도 적합하다. 하지만 탐구활동 기간이 한 달 이상 여유가 있다면 다른 의문 형식을 기반으로 주제를 잡는 것이 좋다.

3. 팀은 몇 명으로 구성되어 있나

자연과학이나 인문사회과학의 실험조사와 설문조사는 혼자 진행하다 보면 어려운 점이 있어서 팀으로 활동하는 것이 훨씬 유리하다. 혼자 하는 경우라면 실태와 인식의 의문 형식으로 탐구활동을 하는 것도 좋은 방법이 될 수도 있다.

4. 누구에게 설문조사 응답을 받는가

대부분의 설문조사는 같은 고등학생에게 응답을 받지만, 앞의 사례 중 '고령자 물리치료 실태 조사'는 60세 이상의 고령자를 대상으로 설문조사를 하거나, 장애인 혹은 초등학생 이하 어린이 등을 대상으로 해야 하는 경우도 있다. 이런 응답자는 구하기도 어렵고, 설문 내용을 이해시키기 어렵고, 응답 집중력이 빨리 저하된다는 등의 이유로 조사가 힘들어서 학술연구에서도 노력을 인정받는 편이다. 만일 고령자, 장애인, 유아 등이 대상자라면 탐구활동과 탐구보고서 제목에 이를 확실하게 보여 주고, 학교생활기록부에 반드시 이런 대상자로 설문조사를 했다고 강조하자.

5. 별다른 호기심과 의문은 없어요

탐구활동에 참여는 했는데 그다지 적극적인 마음이 없고, 그저 학교생활기록부에 한 줄 정도 넣고 싶다는 학생도 있다. 이런 학생에게 ❷, ❸, ❹의 의문 형식으로 주제를 잡고 조사를 하는 것은 솔직히 무리일 수 있으니 실태나 인식 조사를 고려해 보자.

나만의 탐구 주제 잡기

“무엇에 대한 실태와 인식은 어떠한가?”의 의문을
생각나는 대로 써 보세요.

❷ 영향, 효과
: 무엇은 무엇에 영향/효과가 있는가?

생명공학 관련 학과에 지원하려는 학생들이 팀을 이루었다. 경험했던 호기심에서 출발해서 의문을 만들면 독창성을 지닌 주제가 될 수 있다는 아톰의 강의를 들었던 터라, 어렸을 때의 경험을 이야기해 보았다. 그때 한 친구가 이렇게 말했다.

"시골 할머니 댁에 놀러 갔을 때 넘어져서 무릎을 다친 적이 있어. 그때 마침 할머니 댁에는 소독약이 있어서 무릎 상처에 소독약을 발랐는데, 엄마가 그 모습을 보면서 엄마 어렸을 때는 할머니가 상처에 된장을 발라 주었다고 하더라고. 난 말도 안 된다며 거짓말하지 말라고 했는데, 엄마는 진짜라는 거야. 그래서 스마트폰으로 검색해 보니 정말로 옛날에는 민간요법으로 상처에 된장을 발랐다

　　　나만의 탐구 주제 잡기

고 하더라고. 그런데 된장을 바르면 염분이 상처 부위를 자극할 수 있고 2차 감염의 위험이 있대.”

“그건 위험할 것 같은데. 그런데 왜 처음부터 된장을 바르는 생각을 했을까? 뭐 고추장이나 간장, 무나 배추를 갈아서 즙을 내서 바르면 되지 않았을까?”

“그러네. 다른 것도 많았을 텐데 된장을 선택한 이유가 혹시 있는 것 아닐까? 상처에 균이 들어가지 않게 하는 효과가 있다거나.”

“항균 효과 말이지?”

“응. 정말 된장에 항균 효과가 있어서 상처에 발랐다면 나름대로 합리적인 생각이 아니었을까?”

“그럼 우리 이번 주제로 된장은 정말 항균 효과가 있는지를 알아보는 건 어떨까?”

‘무엇은 무엇에 영향을 미치는가?’ 또는 ‘무엇은 무엇에 효과가 있는가?’는 그렇게 어렵지 않은 의문 형식이다. ‘선생님의 수업 방식은 학습 집중력에 영향을 미칠까?’, ‘벌꿀의 당도는 항균 효과에 영향을 미칠까?’, ‘막대에 감은 코일의 두께는 전자기력에 영향을 미칠까?’, ‘간헐적 단식은 체중 감량에 효과가 있을까?’, ‘자기 전 스마트폰을 사용하지 않으면 수면의 질이 높아질까?’ 등과 같은 예는 일상에서 흔히 접할 수 있는 의문이기 때문이다.

　어떤 학생은 이런 의문이 들었다. 어느 날 도서관에서 혼자 책을 읽고 있었는데 누군가 문을 열고 들어와서 뒤에 앉아 책을 읽기 시작했다. 그 학생은 잘 모르는 학생이고, 조용히 앉아 있어서 자신의 독서에 방해가 되는 건 아니었지만, 왠지 모르게 집중력이 떨어지는 느낌이 들었다. "공부나 독서를 하고 있을 때 혹시 다른 사람이 같은 공간에 있는 것만으로도 집중력이 떨어질까요?" 이 학생의 의문은 결국 "타인의 존재가 집중력에 영향을 미치는가?"였다. 주제로 바꿔 보면 '학습 공간에서 타인의 존재에 따른 학습 집중력 효과 조사'라고 할 수 있다.

　이렇게 '무엇이 무엇에 효과나 영향이 있을까?'라는 의문은 실험을 통해서 측정하고 관찰할 수 있어 고등학생 탐구활동에는 아주 적절한 것이기는 하지만, 이 의문으로 주제를 발전시키는 경우는 생각보다 많지 않다. 이 의문 형식은 집단이나 대상을 비교하는 의문인 '❸차이'로 탐구하는 편이 훨씬 학문적 의의도 있고, 평가자에게는 과학적 방법론을 제대로 다룬다는 인상을 주기 때문이다.

　　　　　　　　나만의 탐구 주제 잡기

앞에서 말한 된장의 항균 효과는 사실 이미 석·박사논문으로 발표되어 학계에서는 어느 정도 인정된 사실이다. 된장에 있는 염분의 효과는 이미 식품 저장이나 구강 소독을 통해 일상에서도 확인할 수 있는 사실이다. 그래서 단순하게 된장의 항균 효과를 보고자 한다면 생각을 조금 확장할 필요가 있다. 우리가 일상적으로 많이 섭취하는 장류는 된장 말고도 고추장, 간장이 있다. 만일 된장이 항균 효과가 있다면 고추장이나 간장에도 항균 효과가 있을 수 있다는 의미가 된다. 그럼 동일한 염도를 지닌 된장, 고추장, 간장이 있다면 장류에 따라서 항균 효과에 차이가 있을까? 된장을 가지고 항균 효과 의문을 제기했던 학생들은 최종적으로 '장류(된장, 고추장,

간장)의 항균 효과 차이에 대한 조사'라는 주제로 탐구활동을 마무리했다.

따라서 '❷영향, 효과' 형식의 의문이 떠올랐다면 조금 더 생각해 보고 '❸차이'의 의문 형식으로 발전시키는 것이 조금 더 높은 평가를 받을 수 있다는 점도 알아 두자.

"무엇은 무엇에 영향/효과가 있을까?"의 의문을
생각나는 대로 써 보세요.

❸ 차이
: 무엇과 무엇이 있는데, 이들은 각각 무엇에 차이가 있는가?

차이를 중심으로 하는 의문은 가장 많이 활용할 수 있고, 주제로 발전시키기 쉽고, 학문적 가치나 의의도 높은 의문 형식이다. 특히 석·박사논문의 70% 이상은 이렇게 무엇과 무엇의 차이를 밝히기 위한 연구의 결과이므로 평가자도 이런 의문이나 주제는 제목만 보고도 쉽게 이해할 수 있으며, 고등학생 수준에서 차이를 중심으로 탐구를 했으니 과학적 탐구력의 기본 소양을 갖추었다는 것을 알아주기 때문에 평가에 유리하다. 그럼 사례를 살펴보면서 어떻게 의문을 가지면 좋을지 알아보자.

"어떻게 하면 집중해서 공부할 수 있을까요?"라는 의문은 학생이라면 누구나 할 수 있는 기본적이고 순수한 의문이다. 이런 의문

  나만의 탐구 주제 잡기

이 들었다면 빨리 검색을 해 보자. 인터넷 검색창에 '공부 집중력을 높이는 방법'이라고 검색어를 넣어 보니 '공부 집중력을 높이려면 주변 환경을 정리하고, 규칙적인 습관을 만들고, 휴식을 활용하며, 공부 방법을 다양화해야 합니다.'라고 AI 답변에서 말해 준다. 밑으로 검색 화면을 내려 보면 구체적인 방법도 알려 주고 있지만 탐구활동에 참여한 한 팀은 '주변 환경을 정리하고'라는 내용에 눈길이 갔다.

이 팀은 우선 주변 환경 중 어떤 것이 영향을 미칠지를 이야기해 보았다. 조도, 이산화탄소 농도, 조명의 색 등 여러 가지 의견이 나왔는데, 팀원 중 한 명이 '책상의 정리정돈 상태'란 말을 했다. 하지만 다른 한 명은 "내 책상은 항상 약간 어지럽혀져 있는데 그게 익숙해서 그런지 오히려 집중력이 생기는 것 같은데."라며 고개를 갸웃했다. 팀원 모두 이야기를 나눠 봐도 책상의 정리정돈이 잘되어 있으면 집중력이 높아질 것 같지만, 과연 정말 그런지는 확신할 수 없었다. "그럼 우리 이걸로 탐구를 해 보면 어떨까? 책상 정리가 잘된 경우 공부 집중력이 높아지는지 아닌지 말이야."

여러분이라면 어떤 식으로 의문을 정리해서 주제로 바꾼 다음 실제로 조사를 계획할까? 사실 "책상 정리정돈 상태가 집중력에 영향을 미칠까?"라는 의문 형식으로만 보면 '❷영향, 효과' 형식에 해당한다. 하지만 학생들은 차이를 알아보는 ❸의 의문 형식으로 발전시키는 것이 좋겠다는 강의 내용을 떠올리고는 조금 더 생각했다.

"그런데 책상 정리정돈이라는 게 되어 있는 상태인지 아닌지 판단하긴 힘들 것 같지 않아? 그리고 대부분은 어느 정도는 정리된 책상에서 공부하고 있는 듯하고."

"맞아. '정리정돈이 되었다, 아니다'보다는 정리정돈이 어느 정도 되었는지가 더 중요한 것 같아."

"나도 너희들 말에 동의해. 아무도 완벽하게 깨끗하게 정리된 책상에서 공부할 것 같진 않거든. 오히려 그런 책상이면 너무 이상할 것도 같고."

"그럼 이런 건 어떨까? 책상 위 영역을 100%로 치자면, 그중 10%만 연필이나 지우개 등 문구나 노트가 놓인 책상, 그러니까 정돈율 90%의 책상, 20%에 무언가가 있는 정돈율 80%의 책상, 30%에 무언가가 있는 정돈율 70%의 책상으로 실험을 해 보면 말이야."

"그럼 아무것도 놓이지 않은 정돈율 100% 책상도 조사해야 하는 것 아닐까?"

   나만의 탐구 주제 잡기

이 학생들은 책상의 정돈된 정도를 70%, 80%, 90%, 100%인 4단계로 나누어서 "정돈된 정도가 학습 집중력에 차이를 발생시키는가?"라는 의문으로 탐구를 시작했다. 주제는 '책상 정돈 정도에 따른 학습 집중력 차이 조사'라고 정했다. 학교의 도서실에 선생님의 도움을 받아 정돈율에 따라 4개 그룹이 사용할 실험용 책상을 마련하고, 그룹별로 책상에 앉아 학생들에게 정해진 책을 일정 시간 동안 읽도록 한 후 학습 집중력을 측정하기 위해 15개 문항의 설문조사를 했다. 그룹별 학습 집중력 평균 점수가 '100% > 90% > 80% > 70%'의 순으로 나온다면 정리가 잘되어 있을수록 학습 집중력이 높아진다는 것으로 결론을 내리고, 다른 결과가 나온다면 왜 그런지 이유를 정리해서 시사점에서 제시하기로 했다.

이렇게 차이를 강조하는 의문 형식을 가장 많이 사용하는 이유는 '❷영향, 효과' 의문 형식만으로 조사하면 '영향이 있다, 효과가 있다'는 찾아낼 수는 있지만, 그 영향이나 효과는 어떤 양상을 보이는지, 효과나 영향이 강한지 약한지에 대한 정보를 얻을 수 없기 때문이다. 그냥 '있다, 없다'라는 사실만 확인하는 셈이다. 과학적 탐구, 과학적 연구에서는 '연구의 경제성'을 생각해야 한다. 가능한 적은 노력과 비용을 들여서 가능한 많은 결과나 시사점을 얻을 수 있으면 더 좋은 연구라 할 수 있다.

또 하나의 이유는, 학생들이 밝혀 보려고 생각하는 영향이나 효과는 사실 열심히 논문을 찾아보면 이미 증명된 것들이 많이 있기 때문이다. 물론 학문적으로 밝혀져 있더라도 고등학생 수준에서 다시 조사해 보는 것도 의의나 의미는 있겠지만, 그렇다고 굳이 다시 해 볼 필요가 꼭 있는 것도 아니다.

그래서 효과나 영향 그 자체가 '있다, 없다'를 살펴보는 탐구보다는 "효과나 영향이 있는 것 같긴 한데, 정도에 따라 또는 그룹에 따라 효과나 영향이 달라지지 않을까?"를 조사한다면 학생만의 독창성을 보여 줄 수 있다. 책상 정리정돈 정도를 어떤 그룹으로 나누느냐, 횡단보도의 색깔을 어떻게 나누느냐는 학생만의 독특한 생각과 고민을 나타내기 때문이다.

그러니 주제를 생각하기 위해 처음 떠올리는 어떤 의문이든 가능하면 이 '차이'를 밝히는 의문 형식으로 바꾸도록 노력해 보자. 그러기 위해서 가장 중요한 것은 '무엇'을 중심으로 하는 의문을 구성해야 한다. '무엇과 무엇이 있을 때, 무엇에서 차이가 있을까?'라는 형식으로 자신의 의문을 다듬어 나가야 한다.

다른 학생들의 사례를 조금 더 살펴보자.

　　　　　　나만의 탐구 주제 잡기

“저희 둘은 아직 1학년이라 진로를 명확히 정하진 않았는데 의학과나 사회학과가 어떨까 해서 의료와 사회 이슈를 아우르는 주제를 고민해 봤어요. 유럽에서는 안락사를 인정하는 나라들이 있잖아요. 우리나라에서도 안락사 정책 도입에 대해 전문가들이 논의하는 것 같으니, 학생들이 연명의료나 안락사에 대해 어떻게 생각하는지 조사해 보면 어떨까요?”

“실태나 인식 조사를 하고 싶은 거군요. 여러분은 어때요? 나중에 고칠 수 없는 병에 걸리거나 한다면.”

“아, 저는 찬성이에요.”

“그럼 부모님이나 할아버지, 할머니는 어떨까요? 그분들은 여러분보다는 죽음에 더 가까운 나이잖아요. 그분들도 그렇게 생각할까요?”

“아닐 것 같아요. 요즘 저희 할머니는 열심히 운동해서 오래 살고 싶다고 말씀하시거든요. (웃음) 그럼 이런 건 어떨까요? 연명의료나 안락사에 대한 인식이 세대별로 다른지를 조사해 보는 거요.”

이 학생들은 처음에는 “연명의료와 안락사 관련 인식은 어떠한가?”라는 ‘❶실태, 인식, 현상’의 의문 형식에서 “학생, 부모님 그리고 조부모님 세대를 포함하면 연명의료와 안락사 관련 인식은

세대별로 어떤 차이가 있을까?"라는 차이의 의문 형식으로 발전
시켰다. 그 결과 '세대별 연명의료와 안락사에 대한 의식 차이 조
사'가 학생들의 주제가 되었다.

자동차 관련 학과에 진학하고 싶은 3명의 학생은 처음에는 "범
퍼를 무슨 소재로 만드는 것이 좋을까?"라거나 "안전운전을 위해
서는 표지판을 어떻게 하면 좋을까?"를 궁금해하다가 자동차 사
고 영상을 함께 보는 유명 유튜브 영상을 보고는 "자동차 사고 영
상을 보게 되면 사람들은 안전운전에 더 신경을 쓰게 될까?"라는
의문이 들었다.

"우린 고등학생이니까 아직 운전을 못 하지만, 운전자들은 자동
차 사고 영상을 보고 나면 안전운전에 대해 더 신경을 쓰지 않을까?"
"그건 너무 당연하지 않을까? 안 본 사람보다는 본 사람이 더 신
경 쓰겠지."
"그래, 너무 당연한 것 같다. 혹시 우리가 그걸 조사했는데 안 본
사람이 더 신경 쓴다는 결과가 나오면 오히려 더 이상할 것 같아.
조사를 잘못한 것이 아니냐는 의심도 받겠고."
"그럼 이런 건 어떨까? 사고 영상을 보고 나면 실제 속도보다 더

    나만의 탐구 주제 잡기

빨리 달리는 것처럼 느껴지지는 않을까? 그러니까 속도가 더 빠르다고 느끼고, 사고 위험이 크다고 인식한다는 거지. 영상을 보고 나서 우리의 감각이 과연 바뀌는지 조사하면 어떨까?”

“그건 재미있을 것 같은데.”

이 학생들은 주변 지인과 가족의 도움을 받아서 실제 자동차를 운전하는 성인을 두 그룹으로 나누었다. A그룹에게는 70km로 달리다 사고가 나는 자동차 영상을 보여 주고 나서 어떻게 느끼는지에 대해 3~4개의 설문 문항에 답하게 했다. 그리고 똑같이 70km로 달리는 다른 자동차 영상을 보여 주고 ‘이 자동차의 시속은 몇 km로 느껴지는지 말해 주세요.’라고 피험자들에게 물었다. B그룹에게는 사고 영상을 보여 주지 않고 그냥 70km로 달리는 다른 자동차 영상을 보여 주고 ‘이 자동차의 시속은 몇 km로 느껴지는지 말해 주세요.’라고 물었다. 사고 영상이 운전자의 속도 감각에 영향을 미치지 않았다면 두 그룹의 평균은 비슷할 테지만, 영향을 미쳤다면 두 그룹이 느끼는 평균 시속은 차이가 있을 것이다. 학생들은 실험 결과를 담아 ‘자동차 사고 영상 시청 여부가 체감 속도 차이에 미치는 영향 조사’라는 탐구보고서를 작성했다.

로봇공학과 수학과, 컴퓨터공학을 공부하고 싶은 3명의 학생으로 구성된 팀은 다른 친구들과는 차별화된 전문적이고 첨단적인 주제를 선정하고 싶었다. 로봇과 컴퓨터공학은 그래도 연결성이 있지만, 수학은 크게 관련이 없어서 고민하고 있었는데, 수학과를 지망하는 학생이 이렇게 말했다.

"우리가 지원하려는 학과가 다르긴 한데, 수학이 조금 강조되는 주제를 잡는다면 다른 학생들에 비해서 더 우수하다는 느낌을 주지 않을까?"

"뭐 생각하고 있는 게 있어?"

"수학, 컴퓨터공학, 로봇공학을 다 연결하면 AI 로봇이 떠오르거든. 스스로 학습해서 자신의 행동을 조정할 수 있는 로봇. 그래서 내가 좀 알아봤더니 학습 알고리즘으로 강화학습을 활용한다고 해. 강화학습은 성공적인 행동이나 결과가 나왔을 때 바로 전의 행동을 더 하도록 하고, 실패하거나 적절하지 않은 행동이나 결과가 나오면 이 행동을 하지 말라고 하는 학습이야."

"그 학습이랑 수학이 관계가 있어?"

"강화학습이 이루어지려면 보상을 해 주어야 해. 잘했으면 칭찬하고, 못했으면 벌을 주는 것처럼. 그런데 로봇에게 말로 칭찬해 주

　　　　　나만의 탐구 주제 잡기

고 선물을 주는 건 안 되잖아. 그래서 AI의 강화학습에는 수학적 보상함수를 적용하고 있어. 특정 행동을 수행했을 때 받게 되는 보상 또는 페널티를 정의하는 함수라고 보면 돼."

"지금 내가 논문을 검색해 보니까 로봇팔이 페트병을 던져서 세우는 강화학습의 보상함수를 어떻게 적용하느냐에 따라 로봇팔의 정확도와 실패율이 많이 달라진다고 나오네. 그럼 우리도 로봇팔을 만들어서 비슷한 실험을 하는데, 보상함수를 다르게 해서 어떤 보상함수를 적용할 때 가장 성공률이 높아지는지 알아보면 어떨까?"

"들어 보니 재미있겠고, 확실히 다른 친구들은 하지 못하는 독특한 주제가 될 것 같긴 하다."

상당히 독특한 의문과 주제를 다루면서도 로봇팔을 만들고, 각기 다른 보상함수를 만들고, 이 함수를 적용하여 학습 알고리즘을 프로그래밍하는 조사 방법 자체가 보통의 학생들이라면 감히 엄두도 나지 않는 것들이었다. 실제로 탐구 시작 전에 준비를 해 보니 처음에는 일주일 이내로 끝낼 수 있을 것 같았던 보상함수 개발도 시간이 걸릴 듯했고, 함수를 적용하는 프로그래밍도 의외로 간단하지 않았다. 그래서 로봇팔을 실제로 만드는 것은 무리라고 판단해서, 로봇팔의 움직임도 컴퓨터에서 시뮬레이션하는 것으로 계획을 바꾸었다. 로봇팔이 수행하는 작업은 접시에 올려진 달걀부침을 뒤집는 것으로 했다. 달걀부침이 접시의 중앙에 가까울수록 보상을 주고, 중심에서 벗어나거나 뒤집지 못하면 감점을 부여하기로 했다. 전체적인 실험은 모두 컴퓨터 시뮬레이션으로 수행했다. 보상함수의 유형은 2가지로 나누어, 하나는 행동 후 즉각적으로 보상이 주어지는 '즉각보상'이었고, 다른 하나는 약간의 시간을 두고 보상이 주어지는 '지연보상'이었다. 두 보상함수는 강화학습에서 많이 사용하는 대표적인 보상 방식이었다. 학생들의 주제는 '로봇팔 강화학습에 사용되는 보상함수 유형에 따른 성공률 차이 조사'였다.

전기 관련 학과와 생물학과를 지망하는 학생들은 두 학과의 특성을 혼합한 주제로 고민하고 있다가 우연히 식물의 광합성처럼 염료 분자가 햇빛을 흡수해 전자를 만들어 내는 원리로 전기를 생산하는 태양전지인 '염료감응형 태양전지'를 알게 되었다. 알고 보니 다른 고등학교에서는 흑미를 사용한 염료감응형 태양전지로 전기를 발생시키는 실험도 하고 있었다. 자신들에게는 딱 맞는 것이라 이걸로 주제를 삼을까 했는데, 이미 다른 고등학교에서 실험할

 나만의 탐구 주제 잡기

정도이고, 또 블로그나 유튜브에도 소개되어 있을 정도면 너무 알려진 듯해서 주저하고 있던 참이었다.

"탐구보고서 강의에서 이미 '효과가 있다'라고 밝혀진 것을 또 반복해서 하는 건 큰 의미가 없다고 했으니까 우리 다른 걸 찾아볼까?"

"열심히 찾아봤지만 그래도 난 염료감응형 태양전지로 뭘 해 보는 게 제일 나을 듯한데."

"그럼 어쩌지. 참, 그런데 강의에서 가장 많은 학생이 하는 의문이나 주제 형식이 뭐라고 했지?"

"차이가 있는지를 따지는 형식이었던 걸로 기억하는데. 염료감응형 태양전지 실험에서 뭔가 차이를 만들어 보려고?"

"응. 블로그나 유튜브는 모두 흑미를 가지고 실험했잖아. 그런데 태양전지는 염료 분자를 이용하는 거니까 뭔가 색깔을 지닌 거라면 모두 가능하지 않겠어? 흑미 대신에 색깔이 있는 과일이나 채소를 사용하면 되지 않을까?"

"지금 찾아보니까 다른 걸로 실험하는 사례도 있나 봐. 천연염료를 사용하는 실험인가 보네. 그럼 우리도 '각기 다른 천연염료를 사용하면 전기의 발생량에 차이가 있을까?'라는 의문으로 시작해도 되겠는데.”

　차이의 의문 형식을 주제로 잡을 때 가장 중요한 것은 차이를 만드는 다양한 대상을 찾아내야 한다는 점이다. 위 학생들도 ‘흑미 말고 다른 천연염료’까지는 생각을 했지만, 중요한 것은 그다음에 과연 ‘어떤 천연염료 물질’로 차이를 만들 것이냐를 정해야 한다. 그래서 필요한 것이 검색과 공부다. 천연염료형 태양전지 실험은 석·박사논문이나 과학고 학생들의 실험에도 많이 등장한다. 각 실험에서는 시금치, 블루베리, 오미자, 당근, 브로콜리 등 다양한 천연염료 물질을 사용해서 실험하고 있다. 그러면 그중에서 3~4가지의 천연염료를 선택하여 사용하면 된다. 흑미를 비교군으로 함께 사용하면 더욱 좋다. 학생들은 기존 실험에서 사용했던 3가지 천연염료 물질과 흑미를 대상으로 실험을 하여 ‘천연염료 물질별 염료감응형 태양전지의 전기 발생량 차이 실험조사’라는 탐구보고서를 작성했다.

　차이를 궁금해하는 의문 형식은 모든 학문 분야에서 핵심적인 연구 의문으로 사용되고 있어서 지망하는 학과에 상관없이 다양한 탐구활동에서 활용할 수 있어 다음과 같은 의문으로 주제를 생각

　　　　　　　　　　나만의 탐구 주제 잡기

하기도 한다.

- 몇 가지 천연물질의 추출물로 황색포도상구균에 대한 항균 효과를 실험해 보면 차이가 있을까?
- 패스트푸드 매장의 색상이 다르다면 소비자가 느끼는 매장 이미지에도 차이가 있을까?
- 필사를 할 때 종이냐 태블릿이냐에 따라 암기력과 이해력의 차이가 있을까?
- 각기 다른 허브향을 맡으면서 공부를 한다면 학습 성과에 차이가 발생할까?
- 홈쇼핑에서 '시간이 다 되어 갑니다'라는 말과 '준비한 수량이 거의 끝나 갑니다'라는 압박 멘트 중 어느 것이 사람들에게 더 빨리 사야겠다는 생각을 하게 만들까?
- 학생과 부모님 중 어느 세대가 더 다문화를 수용하려는 경향이 강할까?
- 같은 학습 공간에 혼자 있을 때, 누군가 1명이 있을 때, 그리고 3명이 있을 때 학습 집중력은 차이가 날까?
- 요즘 영어로만 된 메뉴판을 많이 보게 되는데, 영어와 한글 메뉴판에 따라 소비자가 느끼는 가게 이미지나 인식에 차이가

있을까?

- 같은 쿠키라면 쿠키의 색에 따라서 사람들이 느끼는 식욕에 차이가 있을까?

- 요즘 빌딩을 보면 갈색, 보라색, 검은색 등으로 유리에 색이 들어가 있는데, 어느 색이 실내온도를 낮추는 데 가장 도움이 될까? 색깔별로 실내온도의 차이가 궁금해.

- 코일에서 발생하는 전자파의 양에 따라서 옆에서 자라는 식물의 생장에 차이가 있을까?

- 같은 로고지만 빨강, 노랑, 파랑, 검정처럼 색깔이 다르면 소비자 느낌도 다를까?

- 여드름이 고민인데, 전통 피부미용 재료인 팥, 녹두, 쌀뜨물을 이용할 때 과연 어느 것이 여드름균 항균 효과에 가장 효과가 클까?

- 온도나 pH가 다른 환경이라면 카탈레이스 반응도 차이를 보일까?

- 프로폴리스와 자일리톨 중 어느 것이 살모넬라균의 바이오 필름 억제에 효과가 있을까? 그 차이를 알고 싶은데.

- 우리나라 징병제에 대해서 남성과 여성은 다른 인식을 갖고 있지 않을까?

 나만의 탐구 주제 잡기

- 아르바이트를 해 본 학생과 안 해 본 학생은 자립하려는 의지에 차이가 있을까?

- 어떤 아로마 원료를 사용하느냐에 따라 심신 안정 효과에 차이가 있을까?

- 같은 문제가 담긴 시험을 볼 때 어려운 문제가 앞에 나오냐, 중간에 나오냐, 뒤에 나오냐에 따라 학생들이 느끼는 난도에는 차이가 있을까? 어느 배치 유형이 더 스트레스라고 생각할까?

- 한일 국제관계에 관심이 있는데, 학생과 부모 세대의 한일 관계 인식에 차이가 있을까?

차이의 의문은 어떤 의문이라도 탐구활동과 탐구보고서를 더 전문적이고 학문적인 것으로 바꾸어 주는 마법의 힘이 있다. 그러니 열심히 고민해 보자.

"무엇들은 무엇에 차이가 있을까?"의 의문을

생각나는 대로 써 보세요.

---

❹ 상관관계, 관계
: 무엇과 무엇은
상관관계/관계가 있는가?

이번 팀은 사회학과와 사회복지학과를 지망하는 학생들이다. 참고로 사회학과에 지원하려는 학생은 신앙심이 깊다. 두 학생은 많은 이야기를 나누었지만 좀처럼 만족하는 의문과 주제가 나오지 않았다.

"나는 사회복지학과 관련 있는 주제를 다루고 싶어. 사회적 약자에게 도움을 주는 것과 관련된 내용을 하고 싶어."

"나도 그런 내용을 해도 괜찮긴 한데 뭐가 좋을지 모르겠네. 일상에서의 의문을 통해 주제를 잡는 게 좋다고 하는데 너무 어렵다."

"요즘 혹시 다른 사람을 돕거나 하는 걸 보거나 들은 적 없니?"

"음, 지난 주일에 교회에서 돌아오던 길이었는데, 무거운 짐을

들고 가시던 할머니가 있었어. 대부분 사람은 그냥 지나치는데 아는 교회 언니가 할머니를 도와주더라고."

"뭐 특별한 점이 있었어?"

"지나쳐 간 사람들은 내가 잘 모르는 사람이니 아마 우리 교회 사람은 아닌 것 같았어. 그래서 '역시 교회를 다니는 사람이 어려운 사람을 더 잘 돕는구나.'라는 생각이 들었어."

"말도 안 돼. 어려운 사람을 돕는 건 종교를 갖고 있느냐의 여부보다는 그 사람의 성격이나 교육 때문이 아닐까? 네 말대로라면 종교를 믿는 사람은 모두 선하고 착한 사람이라는 건데, 내 주변에는 교회 다니면서 자기 생각만 하는 사람이 얼마나 많은데."

"아니 내 말은 교회 다니는 모든 사람이 더 좋은 사람이라는 뜻이 아니라, 종교가 없는 사람보다는 남을 돕는 경향이 더 있지 않을까 이런 말이야."

"흠, 그럴 수도 있겠네. 교회나 절에서 남을 해치고 나쁜 짓을 하라고 말하는 건 아니니까. 그럼 이번에 우리 주제로 종교를 가진 사람은 갖지 않은 사람보다 어려운 사람을 도우려는 경향이 더 있는지 조사하면 어떨까?"

"그건 좀 이상하지 않아? 단순히 종교를 갖고 있느냐의 여부로 배려심이 있는지를 나누는 것 말이야. 차라리 신앙심이 깊은 사람일수록 다른 사람을 더 많이 배려하는지를 조사하는 게 나을 것 같은데.”

이 학생들의 의문은 상당히 흥미로웠다. 그렇다는 것은 의문과 주제의 독창성은 확보되었다는 뜻이다. 이 학생들은 ‘종교적 성숙도와 이타적 성향의 상관관계 조사’라는 제목으로 탐구활동을 했다.

상관관계의 의문 형식은 2가지 유형으로 나누어 생각할 수 있다. 하나는 일반적 관계, 그러니까 관계가 어떤 모습을 보이는가를 알고자 하는 것이다. 이 책 가장 앞에서 소개한 ‘습도와 고등학생 학습 태도 관계 조사’는 습도와 학습 태도는 어떤 관계를 보이는가를 알아보기 위한 탐구활동이었다. 결과를 그래프로 그려 보니 거꾸로 된 U자형 커브를 그린다는 것을 알았다. 이는 어느 정도의 습도에서는 학습 태도 점수가 가장 높지만, 습도가 너무 낮거나 높으면 학습 태도 점수는 떨어지는 관계를 쉽게 알 수 있게 해 준다.

두 번째는 ‘무엇’과 ‘무엇’이 비례적 관계(정적 상관관계)인지, 반비례적 관계(부적 상관관계)인지, 그리고 그 관계는 얼마나 강한지를 통계적 수치로 확인할 수 있는 상관관계를 알아보는 것이다. 상관관계는 우선 2가지 ‘무엇’을 관계 여부와 함께 관계의 방향(비례, 반비례), 상관계수라는 통계치까지 한 번에 구할 수 있어서 평가자에게 통계를 공부해서 자신의 탐구에 활용했다는 사실을 전달할 수 있다. 특히 상관계수는 통계학에서도 고급통계에 속하니 연구 전문가인 평가자는 학생이 과학적 연구자의 소양이 있다고 판단하게 된다. 따라서 이왕 관계의 의문 형식을 사용하려고 한다면 일반적 관계보다는 상관관계를 알아보는 의문으로 출발하는 것이 좋다.

그럼 다른 학생들의 사례도 보자. 교과 시간에 키와 체중을 바탕으로 건강 상태를 객관적으로 평가하는 기준으로 사용되는 체질량지수(BMI)에 대해 알게 된 학생들은 이런 생각을 했다.

"체질량지수를 가지고 재미있는 주제를 잡아 보면 어떨까?"

"요즘 상관관계를 알아보는 탐구를 많이 한다고 하니까, 체질량지수가 높은 학생일수록 사회성이 떨어지는지 어떤지 알아보는 것은 어떨까? 정말 그런지 궁금하잖아?"

"괜찮은데. 드라마나 애니메이션을 보면 뚱뚱한 애들은 친구가 별로 없는 외톨이로 표현되는 경우가 많으니. 그런데 주변 친구들 보면 오히려 성격이 좋아서 친구가 많은 애가 더 있는 것 같기도 하고…. 사회성 말고 다른 건 어떨까?"

 나만의 탐구 주제 잡기

"뭐? 떠오르는 게 있니?"

"뚱뚱하면 달리기도 느리고 몸 쓰는 것도 힘들어하잖아. 친구들이 잘 해낼 때 그러지 못하는 자신에 대한 감정이 있을 것 같아. 그걸 심리학에서 뭐라고 하던데…. 아, 자기효능감!"

"그럼 비만일수록 자기효능감이 떨어지는지가 궁금한 거야? 정말 반비례 관계를 갖는지가 궁금한 거네."

학생들은 체질량지수가 높을수록 자기효능감 점수는 떨어지는 반비례 관계가 정말 성립하는지 궁금했다. 친구들의 체질량지수와 자기효능감을 설문조사로 물어보고, 데이터를 엑셀에 넣어 그래프를 그리고 상관계수를 도출하여 '고등학교 남학생의 BMI와 자기효능감의 상관관계 조사' 탐구보고서를 작성했다.

다음은 학생들이 가져오는 상관관계와 관련된 의문이다.

- 독서를 많이 하는 학생일수록 정말 어휘력이 좋을까? (독서 시간과 어휘력)
- 공부 스트레스가 많은 학생일수록 공격성이 더 강할까? (학업 스트레스와 공격성)
- 외국어 숏폼을 많이 보는 학생일수록 외국어를 공부하려는 의

욕이 더 높을까? (외국어 숏폼 시청 시간과 외국어 학습 의욕)

- 또래 친구들과 밀착해서 지내는 학생일수록 학교생활에 더 만

  족하고 있을까? (또래 동조성과 학생생활 만족도)

만일 '무엇이 높아지면 다른 무엇도 따라 높아지거나 낮아질까?'라는 두 '무엇'의 움직임이 같은 방향일지 반대 방향일지 궁금하다면 상관관계 의문 형식에 도전해 보기를 바란다. 단, 아직 엑셀을 어떻게 사용하는지를 잘 모르고, 엑셀에서 간단하게 도출되는 'correl(코렐)함수의 상관계수'도 어떻게 해야 할지 모를 수 있다. 아톰의 책 『주제 맞춤 탐구보고서 쓰기』 169~173쪽에 상관관계 조사 설명을 참조하면서 선생님에게 조언을 구해 보도록 하자.

"무엇과 무엇은 상관관계(관계)가 있을까?"의 의문을
생각나는 대로 써 보세요.

____

의문 다듬기와 최종 주제 결정하기

　　　　　　　의문 형식에 맞춰서 의문을 정리했다면 주제를 정하는 것은 간단한 편이다. 책을 읽으면서 이미 눈치챈 사람도 많을 텐데, 의문 형식이 잘 정리되어 있다면 의문에 표현된 '무엇'을 그대로 가져와서 '~조사'라고 표현하면 그만이다. 하지만 조건이 있다. 의문 형식이 잘 정리되어 있지 않으면 '무엇'을 그대로 가져올 수 없기 때문이다.

　'의문 다듬기'는 의문에 들어가는 '무엇'을 어떻게 표현할 것인지부터 시작된다. '무엇'은 가능한 학문 용어를 사용하는 것이 바람직하다. 일상적이고 일반적 표현으로 하면 일단 탐구 주제가 길어지고, 탐구보고서의 제목도 길어져서 학교생활기록부에 더 많은 내용을 기재하는 데 방해가 된다. 게다가 학문적 용어가 있는데도 일반 용어를 사용하면 학생이 선행연구인 논문이나 보고서 등을 찾아보지 않았다는 것이라 높은 평가를 기대할 수 없다.

'무엇'을 학문적 용어로 바꾸자

'습도와 고등학생 학습 태도의 관계 조사' 사례를 다시 떠올려 보자. 혹시 생각이 나지 않는다면 Chapter 1의 Step 2를 읽어 보자. 학생이 처음 제시했던 의문은 "날씨가 궂으면 공부하기 싫어지는데, 정말 그럴까요?"였다. 이 상태로는 주제가 되기 어려워서 '궂은 날씨'가 어떤 것인지, '공부하기 싫다'는 것은 어떤 상태인지, 그리고 그것들은 측정해서 숫자로 나타낼 수 있는지 등을 고려해서 '습도'와 '학습 태도'라는 용어로 바꾸었다.

습도는 특별히 고민하지 않아도 되었다. 일반적으로도 쓰이는 명사이면서 학문적으로도 사용되는 용어다. 학문적 용어는 대부분 명사이므로, 만일 명사를 논문 검색 사이트에 넣었을 때 검색 결과로 나오는 논문이 없으면 그 명사는 학문적 용어로 쓰이지 않고 있다고 생각하면 된다. 문제는 '공부하기 싫다'를 학문적 용어로 어떻게 바꿀지다.

처음 의문을 떠올렸을 때 다행히도 학문적 용어인 명사를 넣어서 했다면 문제가 없는데, 그렇지 않았을 때는 의문에 있는 표현을 학문적 용어로 바꾸거나 일상 용어이지만 학문에서도 사용하는 명사로 바꾸어야 한다. 특히 자연과학 분야보다는 인문사회과학 분야에서 학문적 용어로 바꾸는 것이 필요하고, 그만큼 힘들기도 하다.

의문에서 일상 용어에서 자주 쓰이는 명사를 사용했다면 큰 문제는 없다. '습도', '조도', '속도', '무게' 등과 같이 숫자로 표시할 수 있는 것이라면 뭐든지 괜찮다. '~도(온도, 농도)', '~지수(우울지수, 체질량지수)', '~량/양(중량, 함유량, 발생량)', '~율/률(비율)'이나 길이, 넓이, 폭, 두께 등과 같이 숫자로 표현되는 것이라면 일상 용어지만 학문적 용어로도 같이 사용되니 걱정은 없다.

조명의 색, 횡단보도의 색, 벽면의 색, 로고의 색상 등 '무슨 색(색상, 색깔)' 등으로 표현되는 일상 용어도 특별히 학문적 용어로 바꿀 필요는 없다. 마찬가지로 소득 수준, 경제적 수준 등의 '무슨 수준'도 그대로 사용해도 괜찮다. 아로마오일의 종류, 허브의 종류, 천연

　　　　나만의 탐구 주제 잡기

물질의 종류, 음악 유형, 작품 유형 등 '무슨 종류, 유형, 스타일' 등도 일상에서 표현하는 용어를 그대로 써도 된다. 유형을 그대로 써도 좋다는 의미는 뭔가 집단을 나누는 일상 용어도 괜찮다는 의미가 되니 '세대별', '성별', '연령별'처럼 '~별'이라는 일상 용어도 바꾸지 않아도 된다.

문제는 일상에서 간단하게 하나의 명사로 표현되지 않는 것을 학문적 의미를 지닌 '무엇'이라는 용어로 바꾸어야 할 때다. 자연과학은 대부분 실험이나 관찰을 통해 쉽게 측정하고 수량화하는 탐구활동을 하기 때문에 일상 용어를 그대로 사용해도 되지만, 인문사회과학은 인간이나 사회의 움직임이나 경향 등을 정리하여 하나의 단어(명사)로 표현하는 개념어를 많이 사용하기 때문에 주의해서 용어를 바꿔야 한다.

예를 들어, "공부를 잘하는 학생은 자신을 괜찮은 사람이라고 여기는 경향이 있을까?"라는 의문을 가졌다고 하자. '무엇'을 중심으로 의문을 구성하면 '공부를 잘하는 사람 → 성적 우수자'라고 하고, '자신을 괜찮은 사람으로 여기는 경향 → 긍정적 자기 평가자'라고 억지로 만들어서 "성적 우수자는 긍정적 자기 평가자일까?"라고 표현할 수 있겠지만, 학문적 용어를 전혀 사용하지 않아서 대학 입시 평가자에게 좋은 인상을 줄 수 없다. 그리고 앞에서 설명한 ❶~❹의 의문 형식에도 맞지 않는다. 그럼 어떻게 의문을 다듬어야 할까?

'❸차이'의 의문 형식은 '무엇과 무엇이 무엇에서 차이가 있는가?'를 알아보는 것이니 "성적이 좋은 학생과 나쁜 학생은 자신에 대한 긍정적 평가에서 차이가 있는가?"로 바꿀 수 있다. 이렇게 하면 '성적 상위 학생과 하위 학생의 긍정적 자기 평가에 대한 차이 조사'라고 주제를 정할 수 있다. '성적'은 평균 점수나 등수로 표현되기 때문에 일상 용어라도 사용해도 좋다. '❹상관관계'의 의문 형식은 '무엇과 무엇은 상관관계가 있는가?'를 알아보는 것이니 "성적이 높을수록 자신에 대한 긍정적 평가가 높을 것인가?"로 바꿀 수 있다. 이렇게 하면 '성적과 긍정적 자기 평가와의 상관관계 조사'로 주제를 정할 수 있다. 여기서 성적은 그래도 사용해도 되지만 '긍정적 자기 평가'를 그대로 사용해도 좋은지, 상관관계를 말하니 점수로 표현되어야 하는데 과연 어떻게 측정하는가가 문제가 된다. 논문 검색 사이트에서 검색하면 '자기 평가'라는 용어는 사용되는데, 약간 느낌이 다른 맥락에서 사용된다는 점을 알 수 있다. 검색할 때는 제목만 봐도 좋다. 그런데 '긍정적 자기 평가'라는

　나만의 탐구 주제 잡기

말이 제목에 들어 있는 논문은 없다. 그러면 이런 표현은 어떤 용어로 바꾸면 좋을까를 고민해야 한다.

이럴 때 가장 도움이 되는 것이 구글이나 크롬의 검색이다. 구글은 AI 검색을 지원하고 있는데, 검색창에 '긍정적 자기 평가 학문 용어'라고 치면 가장 먼저 '자아존중감'이라는 용어를 알려 주고 정의와 뜻을 설명해 준다. 네이버 검색도 AI 검색 결과를 시범적으로 알려 주고 있지만 아직은 구글의 수준에 미치지 못하니 가능하면 구글을 사용하자. 논문 사이트에도 '자아존중감'을 제목에 넣은 논문이 많으니 학문적 용어임을 알 수 있다. 그럼 뒤의 '긍정적 자기 평가'를 '자아존중감'으로 바꾸어 '❹상관관계'의 의문 형식을 만들어 보면 "성적이 높을수록 자아존중감은 높을 것인가? 성적과 자아존중감은 상관관계가 있을까?"로 바뀐다. 자연스럽게 주제는 '성적과 자아존중감의 상관관계 조사'가 된다. 이걸로 충분하다. 궁금한 것이 국어 점수, 수학 점수나 통합 점수가 아니라 내신이나 수능 등급과 같은 등급이라면 '수능 등급과 자아존중감의 상관관계 조사'라고 하면 된다.

조금 더 나아가서 점수나 등급 등을 포함하여 학업을 통해 얼마나 성과를 내었는지의 개념을 포함하는 '학업성취도'라는 표현을 써서 '학업성취도와 자아존중감의 상관관계 조사'라고 하면 더 학문적 분위기가 나는 주제가 된다. '학업성취도'라는 용어는 학문적으로는 많이 사용되지만 일상에서는 잘 사용하지 않으니 선생님에게 조언을 구하는 것이 좋다. 성적, 등급으로도 충분히 의문과 주제가 표현된다고 생각되면 굳이 '학업성취도'란 용어를 사용하지 않아도 된다.

'자아존중감'처럼 인문사회과학에서 자주 사용되는 용어는 대부분이 심리학 용어가 많다. 아래에 학생들이 탐구 의문과 주제에 많이 사용하는 용어를 소개한다. 모두 설문조사를 통해 점수화할 수 있는 것이다.

- 자기효능감: 목표 달성을 위해 적절한 행동을 성공적으로 수행할 수 있다는 믿음과 기대
- 학업 스트레스: 성적 부담, 과중한 학습량, 경쟁적인 교육 환경 등에서 오는 스트레스
- 진로 스트레스: 어떤 진로가 좋을지, 자신과 맞을지에 대한 걱정에서 오는 스트레스
- 관계 스트레스: 인간관계에서 오는 정신적·신체적 고통
- 시험 불안: 시험 상황이나 이전에 실패에 대한 두려움이나 과도한 걱정으로 인한 불안

나만의 **탐구 주제 잡기**

- 발표 불안: 많은 사람 앞에서 발표할 때 느끼는 과도한 긴장과 두려움
- 학업성취도: 교육과정에서 학생들이 달성한 결과로 성적, 등급 등 표현
- 양육 태도: 부모가 자녀를 어떻게 대하고 양육하는지에 대한 기본적인 전략
- 학생생활 만족도: 학교에서의 생활에 얼마나 만족하고 있는지를 보여 주는 점수
- 자아존중감: 자신을 가치 있고 사랑받을 만한 존재로 여기는 긍정적인 태도
- 공격성: 누군가를 해치고 공격적인 행동을 하려는 성향
- 경쟁심: 다른 사람을 이기거나 앞서고 싶은 마음
- 또래동조성: 또래의 의견, 판단, 행동에 따라 자신의 의견이나 행동을 바꾸는 현상
- 사회성: 다양한 사람과 긍정적인 관계를 형성하는 능력
- 광고 소구: 소비자의 감정에 호소하여 제품에 대한 긍정적인 이미지를 심어 주는 방법. 소구 유형은 감성소구/이성소구, 긍정소구/부정소구 등으로 나뉨.
- 학습 집중력: 하나의 생각에만 몰두하고, 공부와 관련 없는 방

해 요소를 차단하는 태도

- 다문화 수용성: 다른 인종, 문화적 배경의 사람들을 사회 구성
원으로 받아들이는 정도
- 다양성 수용도: 다양한 배경과 특성을 가진 사람들을 얼마나
받아들이는가에 대한 태도
- 정치의식: 정치에 관한 생각, 믿음, 의견
- 우울감(우울지수): 일시적인 슬픔이나 불안함과 같은 감정 반
응(의 측정치)
- 충동구매 성향: 미리 계획하지 않았던 상품을 즉흥적으로 구
매하는 성향
- 합리적 소비 성향: 소비의 효용과 기회비용을 신중하게 고려
하여 결정하는 소비 행태

의문의 표현을 학문적 용어로 바꾸어 주제로 만드는 방법과 같다.

1. 관련 교과 선생님에게 조언 구하기

혼자서 의문을 다듬으려 하다가는 시간과 노력이 너무 많이 소
요된다. 의문과 관련 있는 교과의 선생님을 찾아가 의문을 구체적
으로, 특히 의문을 통해 무엇을 알아보고 싶은지를 말씀드리고 의

 나만의 탐구 주제 잡기

문 형식과 용어에 대해 조언을 구하자.

2. 구글 검색으로 알아보기

구글 검색을 할 때는 'OOO 학문 용어'라고 반드시 뒤에 학문 용어라는 검색어를 넣어야 한다. 앞의 단어들은 가능하면 명사가 좋지만, 짧은 문장 형태라도 상관없다. 예를 들어, 명사를 사용해 '자신 긍정평가 학문 용어'로 하거나, 문장을 넣어 '자신에 대해 긍정적으로 느끼는 학문 용어'라고 검색하면 '자아존중감'이라고 찾아 준다. 하지만 구글 검색 결과는 실제로 학문에서 사용하는 용어를 제시하지 않기도 하니 100% 신뢰할 수 없다. 그러니 결과로 나온 명사는 다시 논문 검색 사이트에서 검색해 보아야 한다.

3. 기사 검색으로 알아보기

실태나 인식 조사는 기사 검색을 통해서도 용어를 쉽게 확인할 수 있고, 학문적 연구를 소개하는 기사를 참조하면 학문적 용어를 찾아낼 수도 있다. 기사에서는 학문적 용어를 대중을 위한 쉬운 말로 설명하기 때문에 검색창에 명사보다는 문장으로 검색하는 것이 더 적절할 수 있다.

4. 논문 검색 사이트에서 알아보기

각 대학교 도서관, RISS, DBpia 등의 사이트에 들어가서 논문이나 보고서의 제목을 검색해 보자. 제목에는 반드시 연구에 사용하는 학문적 용어가 담겨 있으니 찾으려고 하는 용어가 존재하는지를 한눈에 파악할 수 있다.

논문은 크게 학술지나 학술대회 등에서 발표하는 4~5쪽 분량의 학술논문과 석·박사학위를 청구하는 학위논문으로 나뉘는데, 탐구활동에 가장 필요한 것은 실험 방법과 설문 문항이 담긴 학위논문이다. 학위논문을 찾았다면 처음부터 내용은 읽지 말고, 설문 문항이 필요하다면 [부록]으로, 실험 방법이 알고 싶으면 목차에서 '연구 방법'으로 가서 그 부분만 보자. 실험 방법이 어렵다고 생각되면 선생님에게 가져가서 해석을 부탁드리자.

대학교 도서관 사이트

어느 대학이든 상관없이 대학교 도서관은 비교적 많은 학술논문과 학위논문을 검색하고 다운로드할 수 있다. 가족이나 지인 중 대학 재학자나 관계자가 있다면 무료로 이용할 수 있으니 탐구활동 기간만 이용할 수 있도록 부탁해 보자.

       나만의 탐구 주제 잡기

학술연구정보서비스(RISS, https://www.riss.kr)

전국 대학이 생산하고 보유하며 구독하는 학술자원을 공동으로 이용할 수 있도록 개방된 대국민 서비스다. 대학교 도서관 사이트 만큼은 아니지만, 고등학교 탐구활동에는 충분한 학술논문과 학위 논문을 제공하고 있다. 회원가입이 필요 없으니 이 사이트를 적극적으로 이용하도록 하자.

생물학연구정보센터(BRIC, https://www.ibric.org)

포항공대가 운영하는 생명과학 분야 전문가 정보교류 사이트다. 교수, 연구원, 석·박사과정 학생들이 활발히 의견과 성과를 공유하는 사이트지만, 고등학생들이 이 사이트에 실험 관련한 질문을 올리고 전문가들이 답변을 해 주면서 과학고와 과학중점고 학생과 교사에게는 필수 참조 사이트가 되었다. 아톰이 보기엔 가장 좋은 탐구활동 도우미 사이트이니 생명과학, 화학, 의학, 환경학, 약학 분야 희망 학생이라면 반드시 들어가 보도록 하자. 사이트 구성이 조금 어려우니 메인 페이지의 검색(돋보기 표시)에 들어가서 탐구활동과 관련된 키워드를 입력하면 고등학생들이 질문한 내용과 전문가의 답변을 볼 수 있다.

DBpia(https://www.dbpia.co.kr)

대부분 고등학교가 유료 회원으로 가입해서 학생들이 공용 ID와 PW를 사용하는 방식이다. 학위논문보다는 학술논문 위주로 제공하고 있어서 탐구활동에는 실질적인 도움이 되기 어렵다.

의문을 다듬었다면
임시 주제를 만들자

의문을 ❶~❹의 형식에 맞춰 구성했고, 의문에 들어가는 '무엇'도 학문적 용어 또는 학문적으로도 사용되는 일상적 용어로 바꾸었다면 이제 탐구활동을 위한 임시 주제는 저절로 설정된 셈이다. 임시 주제는 의문 형식에 맞춰서 앞의 '무엇'과 뒤의 '무엇'을 연결하면 된다. 아주 간단한 일이니 어렵다고 생각하지 말자.

❶의 의문 형식: 실태, 인식, 현상

- 학생들이 쓰는 노인을 혐오 표현은 어떤 것이고, 얼마나 자주 하는지, 또 하면서 무슨 생각을 하는지 궁금해요.

  → 청소년의 **노인 혐오 표현 사용** 실태와 인식 조사

- 친구들이 어떻게 스트레스를 해소하고 있는지 궁금해요.

$\rightarrow$ 청소년의 **스트레스 해소법** 실태와 인식 조사

- 친구들이 어떤 뉴스나 기사를 어디에서 얼마나 보고 있는지 알고 싶어요.

  $\rightarrow$ 청소년의 **뉴스 이용** 실태와 **정보 취득 경로** 조사

❷의 의문 형식: 영향, 효과

- 이온음료를 마시는 것도 플라시보 효과가 있을까요?

  $\rightarrow$ **이온음료**의 **플라시보 효과** 조사

- 된장이 정말 항균 효과가 있는지 알고 싶어요.

  $\rightarrow$ **된장**의 **항균 효과** 조사

- 운동 후 스트레칭이 정말 올라간 혈압을 안정시키는 효과가 있을까요?

  $\rightarrow$ **운동 후 스트레칭**의 **혈압 안정** 효과 조사

❸의 의문 형식: 차이

- 여러 천연물질이 있을 때 세균에 대한 항균 효과가 각각 차이가 있을까?

  $\rightarrow$ **천연물질**의 **항균 효과** 차이 조사

- 패스트푸드 매장의 색상이 다르다면 소비자가 느끼는 매장 이

 나만의 **탐구 주제 잡기**

미지도 차이가 있을까?

> → **패스트푸드 매장 색상**에 따른 청소년 소비자의 **매장 이미지** 차이 조사

- 필사를 할 때 종이냐 태블릿이냐에 따라 암기력과 이해력의 차이가 있을까?

> → **필사 매체**에 따른 **암기력**과 **이해력**의 차이 실험 조사

- 다른 허브향을 맡으면서 공부를 한다면 학습 집중력에 차이가 발생할까?

> → **허브향의 종류**별 **학습 집중력**의 차이 조사

- 학생과 부모님 중에 어느 세대가 더 다문화를 수용하려는 경향이 강할까?

> → **세대별 다문화 수용성**의 차이에 대한 조사

- 같은 학습 공간에 혼자 있을 때, 누군가 1명이 있을 때, 그리고 3명이 있을 때 학습 집중력은 과연 차이가 날까?

> → **학습 공간에서 타인의 존재**에 따른 **학습 집중력** 차이에 대한 조사

- 요즘 영어로만 된 메뉴판을 많이 보게 되는데 영어와 한글 메뉴판에 따라 소비자가 느끼는 가게 이미지나 인식에는 차이가 있을까?

→ **메뉴판의 언어**에 따른 **점포 이미지와 인식** 차이 조사

- 같은 쿠키라면 쿠키의 색에 따라서 사람들이 느끼는 식욕에 차이가 있을까?

→ **쿠키 색깔별 식욕**의 차이에 대한 조사

- 염료감응형 태양전지에 사용하는 천연염료가 다르다면 전기 발생량도 다를까?

→ **천연염료**별 염료감응형 태양전지의 **발전량** 차이 조사

- 빌딩을 보면 갈색, 보라색, 검은색 등으로 창유리에 색이 들어가 있는데, 어느 색이 실내온도를 낮추는 데 가장 도움이 될까? 색깔별로 실내온도의 차이가 궁금해.

→ **창유리의 색상**에 따른 **실내온도** 차이 조사

- 같은 로고지만 빨강, 노랑, 파랑, 검정처럼 색깔이 다르면 소비자 느낌도 다를까?

→ **로고의 색상**에 따른 **소비자 인식**의 차이 조사

- 여드름이 고민인데, 전통 피부미용 재료인 팥, 녹두, 쌀뜨물을 이용할 때 과연 어느 것이 여드름균 항균 효과에 가장 효과가 좋을까?

→ **전통 피부미용 재료**별 **여드름균 항균 효과** 차이에 대한 조사

- 우리나라 징병제에 대해서 남성과 여성은 다른 인식을 갖고

 나만의 탐구 주제 잡기

있지 않을까?

> → **성별 우리나라 징병제에 대한 태도와 인식** 차이 조사

- 아르바이트를 해 본 학생과 안 해 본 학생은 자립하려는 의지에 차이가 있을까?

> → 청소년의 **아르바이트 경험 여부**에 따른 **자립 의지** 차이 조사

- 같은 문제가 담긴 시험을 볼 때 어려운 문제가 앞에 나오냐, 중간에 나오냐, 뒤에 나오냐에 따라 학생들이 느끼는 난도에는 차이가 있을까? 어느 배치 유형이 더 스트레스라고 생각할까?

> → **시험 난도 배치 순서**에 따른 **스트레스** 차이 조사

- 한일 국제관계에 관심이 있는데, 학생과 부모 세대의 한일 관계 인식에는 차이가 있을까?

> → **세대별 한일 관계 인식**의 차이에 대한 조사

❹의 의문 형식: 상관관계, 관계

- 신앙심이 깊을수록 다른 사람을 배려하는 생각을 더 많이 할까?

> → **종교적 성숙도**과 **이타성**의 상관관계 조사

- SNS를 이용하는 시간이 긴 학생일수록 충분히 좋은 잠을 잘 수 없지 않을까?

> → **SNS 이용 시간**과 **수면의 질** 상관관계 조사

- 욕이나 비방하는 말을 많이 할수록 친구를 따돌리려는 경향이 강하지 않을까?

  → **언어적 공격성**과 **관계적 공격성**의 상관관계 조사

- 친구들과 경쟁하려는 마음이 강할수록 성적이 더 좋을까?

  → 청소년의 **경쟁심**과 **학업성취도**의 상관관계 조사

- 학교 공부에서 스트레스를 많이 받을수록 충동적으로 물건을 사서 스트레스를 해소하려는 경향이 더 강하지 않을까?

  → 청소년의 **학업 스트레스**과 **충동구매 성향**의 상관관계 조사

　　　　　나만의 탐구 주제 잡기

'무엇'을
더 구체적으로
정하자

'종류, 별, 유형, 타입'을 구체적으로 정하기

임시 주제까지 결정되었다면 이제 주제를 확정하는 단계까지 얼마 남지 않았다. 우선 임시 주제에 담은 '무엇'이 만일 '종류, 별, 유형, 타입, 패턴'과 같은 단어로 되어 있는지 확인하고, 구체적으로 어떠어떠한 것을 말하는지 결정해야 한다. 이것을 결정하지 않으면 실제 실험조사나 설문조사를 해야 하는 시점에서 뒤늦게 준비가 안 되어 있다는 걸 알고 당황하거나 탐구를 포기하는 경우가 발생하기도 한다.

예를 들어, '과일의 종류에 따른 대장균 항균 효과의 차이 조사'라는 임시 주제를 정했다면, 무슨 과일을 대상으로 실험할지를 정해야 한다. 과일 종류는 너무 많으니 항균력을 지닌 것을 우선으로 선정하는 것이 좋다. 가장 좋은 방법은 기존의 실험에서 어떤 과일을 가지고 실험을 했는지를 살펴보고, 그중 탐구에 가장 적절한 것을 3~4가지 정도 선정하는 것이다. 어떤 논문이나 연구에서 했던 동일한 종류를 다루는 것보다는 A연구에서 2개, B연구에서 1개, 또 다른 C연구에서 1개 정도를 선택한다면 가장 좋다.

'빌딩 유리창 색상별 실내온도의 차이 조사'라는 임시 주제라면, 유리창의 색상을 무엇으로 할지 결정해야 한다. 이런 경우는 빌딩 유리창에 가장 많이 사용하는 색상을 선택해야 한다. 구글 검색을 해 보면 회색, 녹색, 파란색 계열이라고 나오니 여기에 대조군으로 투명 유리를 더해서 4가지 종류의 색상을 결정해야 실험을 할 수 있다.

'세대별 다문화 수용성의 차이 조사'도 그냥 '세대별'이라고 하면 구체적으로 어떤 세대를 말하는지 제목만 보면 알 수 없고, 학생들도 어떤 세대를 대상으로 조사해야 할지 막연하다. (고등)학생 세대, 부모 세대, 조부모 세대처럼 세대를 어떻게 나눌지, 그리고 그중 어떤 세대와 어떤 세대를 선택해서 조사할지도 정해야 한다.

이렇게 종류를 표현하는 단어가 들어가는 임시 주제는 종류가 결정되면 '과일의 종류에 따른 대장균 항균 효과의 차이 조사: 사과, 배, 오렌지, 딸기를 중심으로'나 '사과, 배, 오렌지, 딸기의 항균 효과 차이 조사'라고 주제가 확정된다. 마찬가지로 '빌딩 유리창 색상별 실내온도의 차이 조사'는 '빌딩 유리창 색상별 실내온도의 차이 조사: 회색, 녹색, 파란색을 중심으로'나 '회색, 녹색, 파란색 빌딩 유리창 색상별 실내온도의 차이 조사'라고 구체적으로 주제를 확정하면 된다.

학문적 용어를 측정하는 설문 문항 고르기

자기효능감, 자아존중감, 학습 집중력, 학습 태도, 다문화 수용성, 정치의식 등 앞에서 소개했던 인문사회과학의 학문 용어는 이미 설문 문항이 만들어져 있으므로 문항을 어떻게 구성할지는 고민하지 않아도 된다. 그런데 이런 문항은 엄격한 학문적 기준을 통과해서 만들어진 것이라서 짧으면 5문항에서 길면 30문항 이상을 사용해 점수를 산출한다. 고등학생 탐구의 설문조사 응답자는 대부분이 학생인 점을 고려하면 10~15문항 정도가 적절하다. 문항이 너무 많으면 응답해 주지 않는 경향이 있기 때문이다.

이미 개발되어 있는 설문 문항은 석사나 박사논문 맨 뒤에 있는

[부록]에 가 보면 첨부되어 있다. 우선 이 문항을 가져와서 고등학생에게 적절하다고 판단되는 10~15개의 문항을 고른다. 문항을 고를 때 주의해야 할 점이 있는데, '충동구매 성향' 문항을 사례로 설명해 보자.

논문에 실린 문항을 보면 어떤 문항은 긍정적으로, 어떤 문항은 부정적으로 물어보는 것이 있다. 예를 들어, '나는 계획하지 않고 물건을 사는 경향이 있다.'와 '나는 물건을 사기 위해 저축을 하는 편이다.'라는 두 문항이 있다. 두 문항 모두 충동구매 성향과 관련은 있지만, '1)전혀 아니다. 2)아닌 편이다. 3)보통이다. 4)그런 편이다. 5)매우 그렇다.'라는 선택지에 응답자가 두 문항 모두 '5)매우 그렇다.'라고 대답했다면 그 의미는 전혀 다르다. 앞의 문항은 계획 없이 사는 충동구매를 한다는 뜻이고, 뒤의 문항은 저축을 하면서 충동구매를 하지 않는다는 의미이기 때문이다. 그런데 각 문항의 '5)매우 그렇다.' 응답을 5점으로 계산하고, 문항 점수를 모두 더해 점수를 낸다면 각 문항에서 '5)매우 그렇다.'에 응답하는 것이 충동구매가 높다는 의미가 되어 버리고 만다.

그래서 각 문항은 모두 충동구매 성향이 높은 응답자가 '5)매우 그렇다.'에 답할 수 있도록 문항을 바꿔 주는 것이 나중에 합산 점수를 구할 때 편리하다. 위의 '나는 물건을 사기 위해 저축을 하는

  나만의 탐구 주제 잡기

편이다.'는 '나는 물건을 사기 위해 저축을 하지 않는 편이다.'라고
바꿔 줘야 '5)매우 그렇다.'로 대답한 사람이 충동구매 성향이 높
다는 뜻이 되니 주의해서 문항을 읽어 보고 바꿔 주어야 한다.

실태, 인식 조사의 설문 문항 만들기

실태나 인식은 무엇이 지금 어떤 상태인지, 어떤 생각하는지를
물어보는 것이니 탐구자가 자유롭게 설문 문항을 만들어도 좋다.
하지만 이미 누군가가 만들어 놓은 설문 문항이 있다면 그대로 가
져와서 사용하는 편이 안전하다. 예를 들어, 임시 주제가 '청소년
의 결혼, 육아에 대한 인식 조사'라면 우선 구글에 임시 주제를 넣
고 검색을 해 보자. 그러면 이전의 기사나 보고서를 쉽게 찾아낼 수
있고, 기사나 보고서에 소개된 문항을 그대로 가져와서 사용하면
된다. 임시 주제 그대로를 넣었는데 검색되지 않는다면 '청소년'을
빼 보거나 '결혼 인식'과 같이 간단히 두세 개의 단어만 넣어 보면
반드시 기사나 보고서를 찾을 수 있다.

때로는 여론조사기관이나 마케팅회사, 기업 등에서 발표하는 자
료가 검색 결과로 나오기도 하는데, 이럴 때는 해당 여론조사기관

이나 회사의 홈페이지 등에 가면 설문 문항이 그대로 담긴 보고서를 쉽게 찾을 수 있다. 정부기관이나 국책연구소에서도 '한일 국제 관계 인식 조사' 등 국가 차원에서 필요한 조사를 많이 공개하고 있으니 이를 활용해 보자.

검색을 통해 설문 문항을 찾기 어렵다면 직접 문항을 만들어야 하는데, 문항을 만들 때는 반드시 선생님에게 도움을 받아야 한다. 특히 사회 교과 선생님에게 여쭤보고 문항을 확정하도록 하자. 실태와 인식 조사도 설문 문항 수가 너무 많으면 곤란하니 15개 정도로 하는 것이 좋다.

효과, 이미지 조사의 설문 문항 만들기

임시 주제로 '전단지 광고 모델 유형별 피자 점포의 광고 효과 차이 조사'를 정했나면 우선 '광고 모델 유형별'을 '1인, 커플, 가족 4인'이라는 식으로 유형을 정해야 한다. 유형이 정해졌다면 다음에는 과연 광고 효과로 무엇을 물어볼 것인지 설문 문항을 정해야 한다. '광고 효과'는 석·박사논문에서 단골로 사용되는 용어이니 관련 논문을 찾아 맨 뒤의 [부록]에 담겨 있는 문항을 가져와서 사용하면 된다. 필요하다면 말을 약간 바꿔도 좋다. 광고 효과는 문항 수가 그다지 많지 않다.

제품 이미지, 소비자 이미지, 점포 이미지와 같이 '이미지'를 알아보는 설문 문항도 논문을 검색해서 문항을 가져와 약간의 수정이 필요하면 수정한 후 사용하자. 이미지 문항은 대부분 '부드러운 느낌이다', '차가운 느낌이다'와 같이 형용사를 사용하는 문항으로 구성되는 경우가 많다. 설문 문항도 많은 편이라서 자신의 탐구에 적절하다고 생각되는 문항을 골라서 가져와야 한다. 이미지 문항은 10개 이내로 물어보는 것이 좋다. 기존의 논문에서는 찾을 수 없다면 선생님과 의논해서 문항을 만들어 사용해도 상관없다.

실험이라면 가능한지를 점검하자
: 자연과학

자연과학 분야의 실험이라면 무엇보다 학교 실험실에 필요한 실험 기자재가 구비되어 있는지를 확인해야 한다. 임시 주제가 독창적이고 학문적 탐구력에서 높은 평가를 받는 주제라 할지라도 실험을 하지 못하면 아무 소용이 없기 때문이다. 지금 학교에 실험 도구가 없더라도 탐구활동 관련 예산이 편성되어 있거나 학교에서 학생들의 탐구를 지원해 주기도 하니 선생님에게 말씀드리고 구입이 가능한지 확인하자.

1. 항균 효과 실험 관련

학생들이 가장 많이 하는 항균 효과 실험은 실험 대상이 되는 균을 구할 수 있을지를 점검해야 한다. 손에 있는 세균, 구강 세균, 치아 세균, 여드름균 등은 친구들에게서 채취하여 세균배양기로 배양해서 사용할 수도 있다. 세균배양기가 없다면 적은 세균으로 실험하는 방법을 선생님과 상의해서 해결하면 된다.

항균 효과 실험에서 가장 많이 사용하는 황색포도상구균이나 대장균의 경우는 '생물나라(https://www.biozoa.co.kr)'와 같은 학교 실험 교재를 판매하는 사이트에서 주문할 수도 있고, 생물자원센터(https://kctc.kribb.re.kr)에서 구할 수도 있다. 생물자원센터에서 생물학, 의학, 약학, 생명공학에 관련된 거의 모든 생물자원을 분양받을 수 있지만, 고등학생은 신청이 안 되니 선생님에게 부탁드려야 한다. 고등학교에 따라서는 황색포도상구균이나 살모넬라균 같은 병원성 세균의 실험을 금지하는 곳도 있으니 사전에 선생님에게 확인하는 것이 좋다.

2. 항산화 효과 실험 관련

최근 항산화 실험을 하고 싶은 학생들이 많이 늘었다. 과학고와 자사고에서는 많이 하는 실험이고, 생명공학과·생물학과·의학과·약학과 등에 지원하려는 학생들이 선호하는 주제와 관련된 실험이기도 하다. 현재 고등학교에서 하는 항산화 효과 실험은 분광광도계나 분광탁도계를 사용하는 방법과 요오드 반응을 이용한 실험으로 나뉜다.

이중 측정치가 가장 정확한 것은 분광광도계를 사용하는 실험이지만, 분광광도계는 고가의 장비라서 일반고등학교에서는 보유하고 있는 곳이 많지 않다. 항산화 효과 실험은 몇 개 물질의 항산화 효과 차이를 알아보려는 실험이라서 작은 차이라도 정확히 측정할 필요가 있어서 분광광도계가 사용된다. 요오드 반응 실험은 분광광도계가 없어도 가능하지만 육안으로 색을 구분하는 실험 방법이라 물질별 효과 차이를 명확히 알기는 어렵다는 단점 때문에 탐구 활동에서는 잘 사용되지 않는다.

환경학과나 화학과를 지원하려는 학생들도 분광광도계를 사용한 실험을 하면 유리하니, 혹시 학교에 분광광도계나 분광탁도계가 있는지를 선생님에게 여쭤보고, 있다면 적극적으로 항산화 효과 실험에 도전해 보자.

3. 물리학 실험 관련

역학수레는 물리학 실험에서 운동의 법칙, 중력가속도, 질량-가속도 관계 등을 측정하는 데 사용되는 실험 기구다. 물리학 관련해서는 기본적인 실험 도구에 속하지만, 일반고등학교에서는 보유하고 있는 학교가 생각보다 많지 않다. 학교에 역학수레가 있다면 관

　　　　　　　나만의 탐구 주제 잡기

련 실험을 할 수 있는 주제를 잡아 보자.

4. 전문 실험 기기의 확인

심전도 측정기나 뇌파 측정기, 전자현미경 등을 갖춘 고등학교도 있다. 이런 전문 실험 기기를 갖추었다면 주제도 다양해질 수 있고, 보다 전문적이고 깊이가 있는 주제를 설정할 수 있다. 과학고, 자사고, 과학중점고에서 이런 전문기기를 보유하고 있기도 하니, 탐구 의문을 가지기 전에 학교에 어떤 과학 실험 기기가 있는지를 먼저 확인하고 이들 기기를 활용할 수 있는 의문을 통해 주제를 잡아 가는 것이 좋다.

5. 인체를 이용한 실험 관련

의학이나 보건, 생명공학, 향장 관련 학과를 희망하는 학생 중에는 특정 화학물질을 피부에 발라 반응을 보거나, 특정 물질을 섭취한 후 신체 반응을 보는 실험을 주제로 잡으려는 학생도 있다. 우선 인체를 이용한 실험이 포함되는 의문이나 주제가 떠오른다면 ①인공 피부나 돼지껍질 등을 활용해서 인체가 아닌 다른 방법을 생각해 보거나, ②인체 실험이 가능한지 선생님에게 여쭤보고 확인을 받거나, ③다른 주제를 생각해 보도록 하자. 간혹 혈액으로 실험을 하고 싶어서 친구나 자신의 피를 뽑아 실험하려는 학생이 있는데, 감염 문제 등이 있으니 가능하면 피해야 한다. 교육과 간호실습용으로 인공혈액을 판매하고 있으니 이를 구입해서 사용하자.

6. 그 밖의 실험 기기의 확인

탐구활동에 이산화탄소 농도, pH, 산소포화도, 염도, 조도 등의 측정이 필요한 경우 학교에 이를 측정할 수 있는 기기가 있는지를 확인해야 한다. 만일 없다면 학교에 구입을 요청하면 책정된 예산 범위 안에서 구입해 주기도 하니 적극적으로 필요성을 강조한다. 간혹 학교 예산이 편성되어 있지 않다면 학생들이 직접 구입하는 것도 고려하자. 이들 측정기는 대부분 인터넷에서 쉽게 구입할 수 있는데, 전문가용은 가격이 높은 편이지만 고등학생이 실험용으로 사용하는 측정기라면 1~2만 원으로 구입 가능한 것이 많다. 팀원 2~3명이 분담하여 부담도 크지 않으면 구매하여 준비하는 것도 방법이다.

 나만의 탐구 주제 잡기

실험이라면 가능한지를 점검하자
: 인문사회과학

인문사회과학 분야에서도 실험을 많이 한다. 예를 들어, '색온도별 학습 집중력의 차이 조사: 주광색, 주백색, 전구색'이란 주제가 있다면, 3가지 색의 LED 조명 스탠드를 이용해서 3개 그룹으로 나누어 30분 동안 공통으로 주어진 학습과 관련된 책을 읽도록 한다. 그 후 15개 문항으로 구성된 학습 집중력 설문지를 가지고 설문조사를 실시한다. 많은 학생들이 이런 조사를 설문조사라고 생각하는데, 사실은 실험조사다. 실험조사와 설문조사의 차이는 설문 문항을 사용하느냐 아니냐가 아니라, 평상시 경험하지 못한 자극을 받거나 특정한 행위를 하도록 했느냐의 여부다. 위 학생들은 평소 주백색 스탠드 아래에서 15분간 특정 책을 읽지 않았고, 이번에 이런 행위를 하도록 강요받았기 때문에 설문을 했다 해도 실험조사가 되는 것이다(자세한 설명은『주제 맞춤 탐구보고서 쓰기』의 139~144쪽 참조).

'시험 난도 배치 순서에 따른 시험 스트레스 차이 조사'는 배치 순서가 다르게 제시된 시험 문제를 처음 보고 스트레스 설문 문항에 답하고, '스포츠용품 로고 색상별 제품 이미지 차이 조사'는 처음 보는 로고를 보고 이미지 설문 문항에 답하고, '허브향의 종류별 학습 집중력의 차이 조사'도 강제로 낯선 허브향을 맡고 설문 문항에 답하기 때문에 설문 문항으로 측정하지만 실험조사가 된다.

이처럼 인문사회과학 분야의 주제도 실험을 해야 하는 경우가 많은데, 실험을 할 수 있는 환경이 되는가를 점검하는 것이 중요하다. 학습과 관련된 실험이라면 우선 도서관, 교실 또는 어느 공간에서 가능한지 선생님과 상의해서 공간을 확보해야 한다. 그리고 책을 읽어야 한다면 책도 미리 확보해야 한다. 도서관에 책이 한 권밖에 없다면 한 번에 한 명씩 실험해야 하므로 만일 20명이 피험자라면 너무 많은 시간이 소요된다. 가능한 도서관에 많이 비치된 책이 좋으니 사서 선생님에게 여쭤보도록 하자.

모델이 다르게 들어가는 전단지 광고 이미지, 색깔이 다른 음료 용기 이미지, 색깔이 다른 운동화 로고 이미지, 프레이밍 방향이 다른 기사 등은 연구자가 만들어서 실험에 사용해야 한다. 포토샵이

　　　　　나만의 탐구 주제 잡기

나 파워포인트로 이미지를 다루어 보거나, AI를 활용해 이미지를 생성해 보면서 연습을 해야 한다.

인문사회과학 실험 대부분은 실험 기기가 필요하지 않지만, 피험자를 어떻게 확보할 것인가가 가장 어려운 문제다. 구글폼으로 이미지를 보여 주고 설문을 하는 실험조사는 시간이 그리 소요되지 않지만, 책을 읽거나 운동을 하는 등의 특정 행위를 하고 나서 설문조사를 하면 긴 시간이 필요해 실험에 참여하려는 친구들이 그리 많지 않다. 특히 머리를 많이 써야 하는 실험은 학생들의 참여가 저조하므로, 어떻게 하면 실험 참여자를 잘 모을 수 있을지 준비를 해 두어야 한다. 만일 피험자에게 부담을 주는 실험이라면 실험 방법을 다르게 하는 것도 고려해야 한다.

인문사회과학의 실험조사는 설문조사나 문헌조사 등에 비해 실험을 어떻게 할 것인지 고민도 많이 해야 하고, 피험자 모집에도 신경 써야 하고, 실험하는 과정에서 어려움이 많으므로 가능하면 탐구활동 제목에 '실험'이라는 점을 강조하는 것이 좋다. 예를 들어, '색온도별 학습 집중력의 차이 조사: 주광색, 주백색, 전구색'보다는 '색온도별 학습 집중력의 차이 실험조사: 주광색, 주백색, 전구색'이라고 표현하는 편이 평가자의 눈에 띄기 쉽다.

주제를 확정하고
본격적 탐구활동을 시작하자

임시 주제에서 구분되지 않았던 개념을 구체화하고, 어떤 설문 문항으로 누구에게 설문조사를 할지, 어떤 대상을 어떤 실험 도구를 사용해 어떤 방법으로 어떤 것을 측정할지 등을 생각하고 모두 가능하다고 판단되면 이제 주제가 확정된 셈이다.

앞서 여러 사례에서 제시한 것처럼 주제는 의문의 형식에 따라서 어느 정도 유형이 정해져 있다. 임시 주제도 이 유형에 따른 것이다. 임시 주제와 최종 주제는 어떤 대상을 구체적으로 구분하여 실험하는가, 또는 설문조사의 대상자가 누구인가, 그리고 조사의 방법에 실험이 포함되어 있는가를 명확히 적어 주면 끝이다.

'과일의 종류에 따른 대장균 항균 효과의 차이 조사'라는 임시

    나만의 탐구 주제 잡기

주제는 과일의 종류를 '사과, 배, 오렌지, 딸기'로 구체화하면 '과일의 종류에 따른 대장균 항균 효과의 차이 조사: **사과, 배, 오렌지, 딸기를 중심으로**'나 '**사과, 배, 오렌지, 딸기**의 항균 효과 차이 조사'가 된다. 여기에 이 주제는 실험을 진행해야 하니 '과일의 종류에 따른 대장균 항균 효과의 차이 **실험**조사: 사과, 배, 오렌지, 딸기를 중심으로'나 '사과, 배, 오렌지, 딸기의 대장균 항균 효과 차이 **실험조사**'라고 주제를 확정하면 된다. 실험이라는 단어를 드러내어 표현하는 것이 좋다.

'빌딩 유리창 색상별 실내온도의 차이 조사'는 색상을 구체화해서 임시 주제를 '빌딩 유리창 색상별 실내온도의 차이 조사: **회색, 녹색, 파란색을 중심으로**'나 '**회색, 녹색, 파란색** 빌딩 유리창 색상별 실내온도의 차이 조사'라고 한 후, 최종적으로 실험을 넣어서 '빌딩 유리창 색상별 실내온도의 차이 **실험**조사: 회색, 녹색, 파란색을 중심으로'나 '회색, 녹색, 파란색 빌딩 유리창 색상별 실내온도의 차이 **실험조사**'라고 주제를 확정하면 된다.

'전단지 광고 모델 유형별 피자 점포의 광고 효과 차이 조사'도 유형을 구체화해서 '전단지 광고 모델 유형별 피자 점포의 광고 효

과 차이 조사: **1인, 커플, 가족 모델 중심**'이나 '**1인, 커플, 가족**의 전단지 광고 모델별 피자 점포의 광고 효과 차이 조사'라고 임시 주제를 만든다. 이 주제도 광고를 만들어 실험물로 사용하는 실험조사이니 '전단지 광고 모델 유형별 피자 점포의 광고 효과 차이 **실험**조사: 1인, 커플, 가족 모델 중심'이나 '1인, 커플, 가족의 전단지 광고 모델별 피자 점포의 광고 효과 차이 **실험**조사'라고 실험을 강조하는 표현을 넣고 최종 주제로 확정하면 된다.

만일 '반려동물의 공원 출입에 대한 인식 조사'를 고등학생인 친구들을 대상으로 했다면 설문 응답자인 '청소년'을 앞이나 중간에 넣어서 '**청소년**의 반려동물 공원 출입에 대한 인식 조사'나 '반려동물의 공원 출입에 대한 **청소년** 인식 조사'라고 최종 주제를 확정하면 되는데, 일반적으로 고등학교 탐구활동은 청소년이 응답자일 것이라고 모두 생각하고 있으니 청소년을 생략하고 '반려동물의 공원 출입에 대한 인식 조사'라고 해도 무방하다. 하지만 청소년을 넣는 것이 주제의 의미가 더 명확해질 수 있으니 가능하면 넣은 것이 좋다.

고령자(노인)나 장애인, 미취학 아동이 설문 응답자인 경우는 주제의 맨 앞에 넣는 것이 좋으니 '**고령자**의 병원 방문 빈도와 자아존

　　　　　　　　　나만의 탐구 주제 잡기

중감의 상관관계 조사', '**장애인**의 대중교통 이용의 방해 요인 실태와 인식 조사'처럼 최종 주제를 확정하도록 하자.

주제가 확정되었다면 임시 주제를 다듬는 과정에서 해 두었던 설문 문항을 구글폼에 올리고, 광고나 기사 등의 이미지를 만들고, 실험 기기와 실험물을 준비하여 본격적인 탐구활동을 시작하면 된다. 의문이 주제가 되기까지 힘든 과정이었지만, 이 과정을 거쳤기 때문에 앞으로 남은 활동은 큰 어려움이 없이 진행할 수 있을 것이다.

Dr. 아톰과 함께하는 탐구보고서
나만의 탐구 주제 잡기

1판 1쇄 발행   2026년 3월 1일

지은이 박규상
발행인 조상현
마케팅 조정빈   **편집인** 정지현   **디자인** 페이퍼컷 장상호

발행처 더디퍼런스
등록번호 제2018-000177호
주소 경기도 고양시 덕양구 큰골길 33-170(오금동)
문의 02-712-7927   **팩스** 02-6974-1237
이메일 thedibooks@naver.com   **홈페이지** www.thedifference.co.kr

ISBN 979-11-6125-579-8 43370